普通高等教育经管类专业系列教材

U0367907

企业经营管理综合实训
——基于企业经营沙盘模拟对抗
(第3版)

刘　平　主　编

林则宏　陈玉新　安甜甜　副主编

清华大学出版社

北　京

内 容 简 介

本书在以体验式教学方法著称的 ERP 企业经营沙盘模拟实战对抗的基础上，综合运用角色扮演、导师指引、案例分享、企业讲坛、角色互换、交流互动等方式，讲解管理知识的综合运用，训练参训者的战略管理、市场营销、财务管理、生产运作、物流管理、市场信息收集与运用等管理技能，全面提高受训者的综合素质。

本书融理论与实践于一体，集角色扮演与岗位体验于一身，思路新颖，内容丰富，使受训者在参与、体验中完成从知识到技能的一次转化；在企业经营沙盘模拟实战对抗后的案例研讨、总结交流中，再完成从实践到理论的二次升华。

本书可作为高等院校经济管理相关专业高年级学生进行企业经营管理综合实训的教材，也可作为企业经营管理受训人员的参考书。

图书在版编目(CIP)数据

企业经营管理综合实训：基于企业经营沙盘模拟对抗 / 刘平主编. —3 版. —北京：清华大学出版社，2021.7
普通高等教育经管类专业系列教材
ISBN 978-7-302-58479-7

Ⅰ.①企… Ⅱ.①刘… Ⅲ.①企业经营管理—计算机管理系统 Ⅳ.①F272.3

中国版本图书馆 CIP 数据核字(2021)第 121293 号

责任编辑：刘金喜
封面设计：范惠英
版式设计：思创景点
责任校对：成凤进
责任印制：刘海龙

出版发行：清华大学出版社
  网　　　址：http://www.tup.com.cn，http://www.wqbook.com
  地　　　址：北京清华大学学研大厦 A 座　　　　　邮　　编：100084
  社 总 机：010-62770175　　　　　　　　　　　　邮　　购：010-62786544
  投稿与读者服务：010-62776969，c-service@tup.tsinghua.edu.cn
  质 量 反 馈：010-62772015，zhiliang@tup.tsinghua.edu.cn
印 装 者：三河市金元印装有限公司
经　　销：全国新华书店
开　　本：185mm×260mm　　　印　　张：18.25　　　字　　数：410 千字
版　　次：2010 年 4 月第 1 版　　2021 年 8 月第 3 版　　印　　次：2021 年 8 月第 1 次印刷
定　　价：58.00 元

产品编号：088591-01

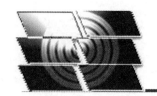

第3版前言

《企业经营管理综合实训(第2版)》自2015年6月出版以来，受到众多高等院校、培训机构与企业的广泛重视和采用。作为一个新生事物，企业经营沙盘模拟教学近年来发展很快，不仅为众多高等院校所采用，也成为众多企业选择的有效的内训方法。

此次修订是为了适应企业经营沙盘大赛在全国如火如荼展开的新形势，将课内实践与沙盘大赛进行了有机结合，这样的整合必将使企业经营沙盘模拟这一继传统式教学和案例式教学之后深受学生欢迎的体验式教学方法达到一个新的高度和新的阶段。本次修订遵循"立足实践教学，兼顾大赛需要"的原则，主要修改和充实的内容体现在以下方面。

(1) 用友新道新推出了全新的"约创"云平台用于大赛，但是各校教学中普遍使用的主流仍是用友ERP企业经营沙盘模拟系统和新道创业者企业模拟经营系统。为了不影响原体系的系统性，特在本书第一篇单独增加了"1.5'约创'云平台操作指导"小节，供需要者使用。

(2) 在附录3中增加了基于"约创"云平台的第十七届全国大学生创新创业沙盘模拟经营大赛(辽宁省区)暨2021年辽宁省普通高等学校本科大学生创业企业模拟经营沙盘大赛技术手册。由于"约创"云平台与创业者企业模拟经营系统有较大差异，因此，第3版同时保留了第2版原有附录3中的内容。

其余修订内容就不一一赘述了。

本次修订仍由沈阳工学院刘平教授担任主编，沈阳理工大学林则宏、辽宁石油化工大学陈玉新、鞍山师范学院安甜甜担任副主编，沈阳工学院张赢盈、孙增、石佳鹭、钟育秀参与了部分篇章的修订工作，同时也吸收了读者的一些宝贵意见和建议。用友新道公司马春先生和支万宇先生为本书的编写提供了部分资料。

本书PPT教学课件可通过http://www.tupwk.com.cn/downpage下载。

由于作者学识、水平有限，疏漏之处在所难免，敬请广大读者批评指正，我们将在修订或重印时将大家反馈的意见和建议恰当地体现出来。再次感谢广大读者的厚爱！

服务邮箱：476371891@qq.com

刘　平

2020年8月于沈抚新区

第2版前言

《企业经营管理综合实训》自 2010 年 4 月出版以来，受到众多高等院校和培训机构与企业的广泛重视和采用。作为一个新生事物，企业经营沙盘模拟教学近年来发展很快，不仅为众多高等院校所采用，也成为众多企业选择的有效的内训方法。

此次修订是为了适应沙盘大赛在全国如火如荼展开的新形势，将课内实践与沙盘大赛进行了有机结合，这样的整合必将使企业经营沙盘模拟这一继传统式教学和案例式教学之后深受学生欢迎的体验式教学方法达到一个新的高度和新的阶段。本次修订遵循"立足实践教学，兼顾大赛需要"的原则，主要修改和充实的内容体现在以下方面。

(1) 在导入篇的规则介绍部分，关于生产线的购买价格、安装周期及转产周期、转产费用、折旧与出售等，产品研发周期与费用，应收款贴现率等规则增补了传统手工沙盘的原定规则，供有需要的学校选用。

(2) 在第二篇增加了编制生产计划和投资计划的内容；在第五篇增加了 5.4.4 第五届"用友杯"全国大学生创业设计暨沙盘模拟经营大赛全国总决赛冠军案例。

(3) 增加了附录 3——历年典型大赛规则及点评：即刚刚结束的 2014 年第十届"用友新道杯"全国大学生沙盘模拟经营大赛(本科组)全国总决赛规则、2012 年第八届全国大学生"用友杯"沙盘模拟经营大赛全国总决赛经营规则和 2011 年第七届全国大学生"用友杯"沙盘模拟经营大赛辽宁赛区决赛规则，并在 2011 年的规则上标注了与 2010 年规则和 2009 年规则的主要变化。在 2011 年大赛规则后增加了大赛规则变化简评，在 2012 年大赛规则后增加了 2012 年大赛平台与规则点评。

其余修订内容就不一一赘述了。

本次修订由沈阳工学院刘平教授担任主编，张海玉、金环及鞍山师范学院安甜甜老师提供了部分材料并担任副主编，同时吸收了读者的一些宝贵意见和建议。此外，2014 年第十届"用友新道杯"全国大学生沙盘模拟经营大赛(本科组)全国总决赛一等奖指导教师、岭南师范学院陈智松老师提供了部分资料。

由于作者学识、水平有限，疏漏之处在所难免，敬请广大读者批评指正，我们将在修订或重印时将大家反馈的意见和建议恰当地体现出来。再次感谢广大读者的厚爱！

服务邮箱：wkservice@vip.163.com

刘　平

2014 年 8 月

第1版前言

本实训在以体验式教学方法著称的 ERP 企业经营沙盘模拟实战对抗的基础上，通过角色扮演、导师指引、案例分享、企业讲坛、角色互换、交流互动等方式进行管理知识的综合运用，训练参训者的战略管理、市场营销、财务管理、生产运作、物流管理、市场信息收集与运用等管理技能，全面提高受训者的综合素质。

本实训教材融理论与实践于一体、集角色扮演与岗位体验于一身，设计思路新颖独到，内容丰富充实，使受训者在参与、体验中，完成从知识到技能的一次转化，并在企业经营沙盘模拟实战对抗后的案例研讨、总结交流中，再完成从实践到理论的二次升华。

本实训教材分为五篇，具体如下。

第一篇导入篇，在企业导师(指导教师)的指导下，掌握模拟竞赛的市场规则和企业运营规则，并进行第一轮的热身赛。

第二篇规划篇，为下一阶段的企业经营沙盘模拟实战对抗制定各自企业的发展战略和实施方案，包括重要职能战略。

第三篇实战篇，利用一周时间进行充分的企业经营沙盘模拟实战，同时配以分专题的企业讲坛。半天竞赛，半天听报告，聘请企业的人来做报告，包括 CEO 报告、CFO 报告、营销总监报告、生产总监/技术总监报告、人力资源总监报告、采购主管报告等。

第四篇案例篇，为案例讨论阶段，分别安排公司战略、竞争策略、财务管理、人力资源、产品开发与生产、物流管理等不同类型(侧重不同角色)的典型案例，把沙盘模拟实战对抗与案例讨论有机结合起来。

第五篇总结篇，为总结提升阶段，主要是为参训者总结交流而准备的，以达到最大提升的目的。本篇不仅给出了编制企业经营分析报告的指导，还安排了受训者个人总结、班级实训总结和年级实训交流等内容。

本实训教材将通常实训所用的实训任务书、实训指导书和实训报告书"三册合一"。在第一篇的开篇语中即阐述了本实训的意义、目的和任务，第五篇为实训报告记录及撰写实训报告做指导。全书均为实训指导的具体内容。

本书是多校合作与校企合作的结晶，由刘平教授起草大纲并担任主编，张海玉、金环担任副主编，林则宏、张博、戴晓丹参与了部分内容的编写。最后由刘平教授通读全书，并做了适当修改。

作者诚恳希望读者在阅读本书的过程中，指出存在的缺点和错误，并提出宝贵的指导意见，我们将在修订或重印时，将大家反馈的意见和建议恰当地体现出来。

刘　平

2010 年 1 月

作者简介

刘平，教授，现任沈阳工学院信息与控制学院院长、院学术委员会主任，兼任沈阳工学院机器人研究所副所长，历任金融保险专业带头人、工商管理专业带头人、经济与管理学院副院长，目前兼任中国保险与保障研究中心主任、中国自动识别技术协会常务理事、辽宁省自动识别产业技术创新战略联盟秘书长、中国未来研究会理事；拥有清华大学和美国哥伦比亚大学双硕士学位，熟悉中外管理理论，并富有从基层到高层的管理实践经验。

近年来主持辽宁省教育科学"十二五"规划 2014 年度立项课题"提高辽宁高校大学生就业能力的对策研究——基于课程体系建设"，省教育厅 2012 年度辽宁省普通高等教育本科教学改革研究立项课题"电信专业'满足学生就业、升学、个性化发展'的分类培养、分级教学的多元化人才培养模式探索与实践"(课题编号：B20120039)，辽宁省教育科学"十二五"规划 2011 年度立项课题"跨学科复合型应用人才培养模式研究"(课题编号：JG11DB232)，2009年辽宁省社会科学规划基金项目"大学生创业教育通俗读本"(课题编号：L09DJY068)等多项省部级教科研项目，曾经主持承担国家级火炬计划项目"热转式条码印制机及条码打印机"(课题编号：9421104027)，以及国家级重点科技攻关项目"金融终端系统和支付工具"(课题编号：85-712-14-5-4)；是 2011 年省级综合改革试点专业电子信息工程(自动识别技术方向)、2013 年国家级综合改革试点专业电子信息工程专业联合负责人和项目执行人，2010 年省级精品课程负责人，2011 年省级优秀教学团队带头人，2013 年省级实验教学示范中心建设项目负责人，2014年学校重大课题支持基金项目"智能巡逻机器人设计与研发"项目负责人，2014 年教育教学改革课题"理工科专业适应大学生就业与企业职业化选择的职业素养课程体系研究与实践"负责人，2014 年被评为省级专业带头人。

获得多项省部级成果奖，其中"应电专业适应学生个性化发展需求的多元化人才培养模式构建"于 2014 年获辽宁省教学成果二等奖(排名第 1)、"借力国际品牌、深化校企融合、立足学以致用、培养应用型卓越工程人才"于 2012 年获辽宁省普通高等教育本科教学成果二等奖(排名第 2)、"民生中的若干问题"于 2011 年获辽宁省第三届哲学社会科学优秀成果一等奖(排名第 2)、"以需求为导向培养技术应用型人才"于 2010 年获辽宁省教育科学"十一五"规划优秀成果三等奖(排名第 1)、"条码技术产品"获部级科技进步一等奖(主要参与者)。

在高等教育出版社、机械工业出版社、电子工业出版社、清华大学出版社等国家一级出版社以第一作者出版了《自动识别技术概论》《中教景程模拟企业经营(沙盘对抗)实训手册》《金蝶企业经营沙盘模拟实训手册》等 10 余部著作和教材，其中《创业攻略：成功创业之路》于2010 年获辽宁省学术成果奖著作类二等奖、《保险学概论》于 2011 年获辽宁省人力资源和社会保障科学研究成果二等奖、《创业学：理论与实践(第二版)》于 2012 年入选辽宁省"十二五"普通高等教育本科省级规划教材并被推荐参评国家级"十二五"规划教材，省级精品课教材《企业战略管理》2014 年入选辽宁省"十二五"普通高等教育本科省级第二批规划教材，《用友

ERP 企业经营沙盘模拟实训(第四版)》等已成为畅销书。

在《现代经济探讨》《企业管理》《中外管理》《销售与市场》《光明日报》《中国教育报·高等教育》等核心期刊和国家期刊奖百种重点期刊上发表文章 30 余万字，其中《高成长企业的长赢基因》《再看破坏性创新》《中国需要什么样的软件人才》《如何成为标准的创造者》等多篇文章被广泛转载，3 篇文章被人大报刊复印资料全文转载。

主要研究方向：电子信息工程、发展战略、创业理论与实务。

目 录

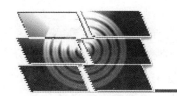

第1篇

导 入 篇

只有懂得规则，才能游刃有余。
只有认真对待，才能有所收获。
只有积极参与，才能分享成就。

本篇实训目标

➢ 掌握实训的目的和任务，了解实训的方式与时间安排。
➢ 认清沙盘模拟与真实企业之间的关系，熟练掌握竞赛规则。
➢ 了解各角色的任务和作用，深刻认识我们所担任角色的作用和任务。
➢ 了解企业与企业的组织架构，体会团队协作的重要性。

1.0 开篇语

　　学习规则是比较枯燥的，但却是必需的，只有懂得规则才能游刃有余。因此，要有以下三点认识：一是要认清我们是在经营模拟企业，为运行方便将内外部环境简化为一系列规则，故与实际情况有一定差别，不可在规则上较真；二是要有争强好胜的斗志，虽然是模拟经营，但不可简单地当成游戏，要有"假戏真做"当作真实企业来经营的态度；三是要正确对待自己的角色，在一个企业里每个人会担当不同的角色，每个角色也都有其他角色所不可替代的作用，因此每个角色都是重要的，都值得重视和珍惜，都应该用心做好。

　　为了使本实训取得预期的效果，现将实训的目的与任务、实训方式、时间安排和实训要求与组织管理等内容阐述如下。

1.0.1 实训的目的和任务

本实训的目的和任务如下。

(1) 综合运用角色扮演、导师指引、案例分享、企业讲坛、角色互换、交流互动等方式进行管理知识与方法的综合运用。

(2) 训练参训者的战略管理、市场营销、财务管理、生产运作、物流管理、市场信息收集与运用等管理技能，全面提高受训者的综合素质。

(3) 理解企业战略的重要性，学会用战略的眼光看待企业的业务与经营，保证其与战略的一致。

(4) 体验制造业企业的完整运营流程，理解物流、资金流、信息流的协调过程。

(5) 体会现金流的重要性，学会资金预算，控制融资成本，提高资金使用效率；通过财务报告、财务分析解读企业经营的全局，学会透过财务看经营。

(6) 理解团队合作的重要性，树立全局观念及共赢理念；体会人尽其才的价值及用人不当的后果。

(7) 建立基于信息时代的思维方式，培养辩证思维的能力，体会差异化思维的力量。

(8) 认真聆听企业讲坛，积极参与案例分析与实训总结，以获得最大的收获。

1.0.2 实训方式与时间安排

适用：2～4 周的管理综合实训，本书以 4 周为例进行安排，如需要可根据实际情况适度压缩。

本实训主要分为五个阶段，各阶段建议安排如下。

第一阶段(3 天，第一周周一至周三)

(1) 实训动员和规则介绍。一般安排在周一上午，主要进行实训动员，介绍"第 1 篇 导入篇"的主要内容，使学生掌握竞赛规则和企业运营流程。

(2) 热身竞赛。一般从周一下午开始到周三上午结束，按照竞赛规则，在指导教师的监控下，学生进行企业经营沙盘模拟若干年(一般是六年)的热身赛。

(3) 热身赛小结。一般安排在周三下午，对热身赛进行简要点评，同时部署下步实训内容。

第二阶段(2 天，第一周周四至周五)

(1) 初步制定公司经营战略，各 CEO 主持(周四上午)。

(2) 制定职能战略，由各角色进行相应职能战略制定(周四下午，同步进行)。

① 营销总监(CMO)制订市场竞争策略。

② 技术总监制订新产品开发计划。

③ 生产总监制订生产计划。

④ CFO 制定财务规划。

⑤ 人力资源总监(CHO)明晰组织架构及内部考核办法。

⑥ 采购主管依据生产计划制订相应采购计划。

(3) 形成公司经营战略方案，由 CEO 主持(周五)。

第三阶段　实战对抗阶段(第二周)

半天竞赛，半天听报告(上午听报告，下午竞赛)。聘请企业的人来做报告。

(1) 周一：上午，CEO 报告；下午，第一年运行。

(2) 周二：上午，CFO 报告；下午，第二年运行。

(3) 周三：上午，营销总监报告；下午，第三年运行。

(4) 周四：上午，生产总监/技术总监报告；下午，第四年运行。

(5) 周五：上午，人力资源总监/采购主管报告；下午，第五年和第六年运行，并公布实战对抗竞赛结果。

第四阶段　案例讨论阶段(第三周)

安排 5 或 6 个不同类型(侧重不同角色)的典型案例，案例的讨论要把案例与沙盘模拟实战对抗结合起来。半天准备，半天讨论。

(1) 周一：公司战略案例讨论。

(2) 周二：竞争策略案例讨论。

(3) 周三：财务管理案例讨论。

(4) 周四：人力资源案例讨论。

(5) 周五：产品开发与生产案例/物流管理案例讨论。

第五阶段　总结提升阶段(第四周)

(1) 撰写模拟企业经营分析报告和个人实训总结。一般安排在周一至周三进行，由 CEO 组织各企业按照经营分析报告的要求撰写报告，并进行模拟企业内部的总结。

(2) 班级实训总结。一般安排在周四上午进行，由各模拟企业派代表做主旨发言，总结模拟企业经营的成败得失，指导教师做必要的点评与指引，允许并鼓励学生个别发言，谈感受和体验。指导教师做实训总结。

(3) 年级实训交流。一般安排在周五上午进行，由班级选派的 2 或 3 名代表做主旨发言，总结交流模拟企业经营的成败得失，指导教师做必要的点评与指引，允许并鼓励学生个别发言，谈感受和体验。

以上为参考时间安排，具体时间以指导教师公布的时间为准。

1.0.3 实训要求与组织管理

1. 实训要求

(1) 每个学生都要参与所有的实训流程，并承担一个具体的工作岗位。

(2) 实训前要认真学习本实训手册的相关内容，明确实训目的、内容和相关要求，确保实训效果。

(3) 在实训过程中，要树立端正的实训态度，具备良好的团队精神。

(4) 在实训过程中要特别注意人身和财物的安全。

(5) 遵守实训纪律，保证按时出勤，并完成相关任务；遵守国家法律法规，遵守实训教室的相关规定，听从安排。

(6) 做好实训记录，记好实训日记，为撰写实训报告做好准备工作。

(7) 认真撰写个人实训总结和模拟企业经营分析报告，字数分别不少于 5000 字和 8000字。模拟企业经营分析报告与该模拟企业 CEO 的个人实训总结合一。

2. 学生分组与组织管理

(1) 学生分组由指导教师根据实际情况掌握。对于 6 组手工沙盘，以班级为单位进行对抗赛，最多可分 6 组，每组 5 或 6 人为宜，人数少的班级可以分为 4 或 5 组。8 组以上手工沙盘或电子沙盘可以考虑进行年级对抗赛。

(2) 角色分工由各团队自行协商产生。实训期间可做角色互换。

(3) 在实训期间，各模拟企业 CEO 管理好各企业人员。

3. 成绩评定

学生成绩评定综合以下内容。

(1) 企业间实战对抗的成绩，占 30%。

(2) 每个成员在企业内的排名，占 20%。

(3) 案例讨论的参与情况，占 20%。

(4) 实训报告成绩，占 20%。

(5) 出勤及遵守纪律情况等，占 10%。

(本书以手工沙盘为主讲解，同时兼顾电子沙盘，因此，本书同样适用于电子沙盘。)

1.1 认识企业经营沙盘模拟

1.1.1 企业经营沙盘模拟释义

对于沙盘，其实我们并不陌生。在电视中，我们经常可以见到叱咤风云、挥斥方遒的将军在沙盘面前指挥千军万马，胜负在弹指挥手间；在日常生活中，房地产开发商制作小区规划布局沙盘以利于房屋销售；如此，不一而足。这些沙盘都清晰地模拟了真实的地形地貌或小区格局，不必让其所服务的对象亲临现场，就能对所关注的位置了然于胸；不仅如此，更可以从宏观的角度全面地审视所处的环境局面，从而运筹帷幄、决胜千里。

企业经营沙盘模拟，就是利用类似上述的沙盘理念，采用现代管理技术手段——ERP(Enterprise Resource Planning，企业资源计划)来实现模拟企业真实经营，使学生在模拟企业经营中得到锻炼、启发和提高。企业资源包括厂房、设备、物料、资金、人员，甚至还包括企业上游的供应商和下游的客户等。企业资源计划的实质就是如何在资源有限的情况下，合理组织生产经营活动，降低经营成本，提高经营效率，提升竞争能力，力求做到利润最大化。因此可以说，企业的生产经营过程也是对企业资源的管理过程。

模拟说明了我们面对的不是一个真实的企业对象，而是具备了真实对象所拥有的主要特征的模拟对象。用友 ERP 企业经营沙盘模拟实训课程就是针对一个模拟企业，把该模拟企业运营的关键环节，如战略规划、资金筹集、市场营销、产品研发、生产组织、物资采购、设备投资与改造、财务核算与管理等部分设计为该实训课程的主体内容；把企业运营所处的内外部环境抽象为一系列的规则，由受训者组成若干个相互竞争的模拟企业，每个受训者在模拟企业中都担任一定的角色，如CEO(首席执行官)、COO(首席运营官)、CFO(首席财务官)、营销总监、生产总监、采购主管、人力资源总监等；通过模拟企业若干年(一般是 6 或 7 年)的经营对抗(竞赛)，使受训者在分析市场、制定战略、营销策划、组织生产、财务管理和人员考核等一系列活动中，参悟科学管理规律，提升管理能力，并深刻体会理论联系实际的重要性。这对低年级学生可起到激发学习兴趣的作用，对高年级学生则达到理论联系实际、学以致用的目的。

这是一种全新的体验式教学手段和方法，既能让受训者全面学习、掌握经济管理知识，又可以充分调动受训者学习的主动性与参与性，让受训者身临其境，真正感受一个企业经营者直面市场竞争的精彩与残酷，承担经营的风险与责任，并由此综合提升受训者经营管理的素质与能力。

1.1.2 模拟企业组织架构

企业创建之初，任何一个企业都要建立与其企业类型相适应的组织结构。组织结构是保证企业正常运转的基本条件。在 ERP 企业经营沙盘模拟实训课程中，采用了简化企业组织结构的方式，企业组织由几个主要角色来代表，包括 CEO(首席执行官)、CFO(财务总监)、营销总监、生产总监/技术总监、采购主管、人力资源总监和商业情报人员等，如图 1-1 所示。在受训者人数少时，可以一兼多职；在受训者人数多时，可以增加助理职务，如财务助理。

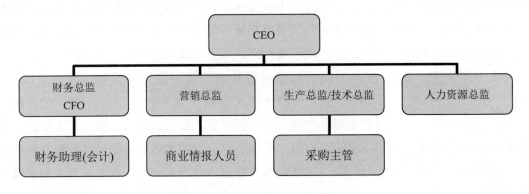

图 1-1   实训企业参考组织架构图

企业组织中的主要角色介绍如下。

1. CEO(首席执行官/总经理)

CEO 主要负责制定和实施公司总体战略与年度经营计划；建立和健全公司的管理体系与组织结构，从结构、流程、人员、激励四个方面着手优化管理，实现管理的新跨越；主持公司的日常经营管理工作，实现公司的经营管理目标和发展目标。现代企业的治理结构分为股东会、董事会和经理班子三个层次。

在 ERP 企业经营沙盘模拟实训中，省略了股东会和董事会，企业所有的重要决策均由 CEO 带领团队成员共同决定，如果大家意见相左，则由 CEO 拍板决定。CEO 的最大职责是做出有利于企业发展的战略决策；同时 CEO 还要负责控制企业按流程运行，保障其顺利运行；并且 CEO 在实训中还要特别关注每个人是否能胜任其岗位，尤其是一些重要岗位，如财务总监、营销总监等，如不能胜任，要及时调整，以免影响整个企业的运行及竞赛。

2. COO(首席运营官)

在实际企业中，COO 是一个重要的角色，主要负责组织协调企业的日常运营活动。在本实训中，COO 协助 CEO 控制企业按流程运行，起着盘面运行监督的作用。此角色为可选角色，在受训者人数较少时可不设置。

3. CFO(财务总监)

在企业中，财务与会计的职能常常是分离的，他们有着不同的目标和工作内容。会计主要负责日常现金收支管理，定期核查企业的经营状况，核算企业的经营成果，制定预算及对成本数据进行分类和分析。财务主要负责资金的筹集、管理，做好现金预算，管好、用好资金，妥善控制成本。如果说资金是企业的"血液"，那么财务部门就是企业的"心脏"。财务总监要参与企业重大决策方案的讨论，如设备投资、产品研发、市场开拓、ISO资格认证、购置厂房等。公司进出的任何一笔资金，都要经过财务部门的核查管理。

在受训者较少时，可将上述两大职能归并到财务总监身上，统一负责对企业的资金进行预测、筹集、调度与监控。其主要任务是管好现金流，评估应收款金额与回收期，预估长、短期资金需求，按需求支付各项费用、核算成本，做好财务分析；进行现金预算，洞悉资金短缺前兆，采用经济有效的方式筹集资金，将资金成本控制到较低水平，管好、用好资金。在受训者人数允许时，建议增设主管会计(财务总监助理)分担会计职能。注意，资金闲置是浪费，资金不足会破产，两者之间应寻求一个有效的平衡点。

4. 营销总监/销售总监

营销总监主要负责进行需求分析和销售预测，寻求最优市场，确定销售部门目标体系；制订销售计划和销售预算；销售团队的建设与管理；客户管理，确保货款及时回笼；销售业绩的分析与评估；控制产品应收款账期，维护企业财务安全；分析市场信息，为确定企业产能和产品研发提供依据。营销总监所担负的责任主要是开拓市场、实现销售。

企业的利润是由销售收入带来的，销售的实现是企业生存和发展的关键。为此，营销总监应结合市场预测及客户需求制订销售计划，有选择地进行广告投放，运用丰富的营销策略，控制营销成本，并取得与企业生产能力相匹配的客户订单，与生产部门做好沟通，保证按时交货给客户，监督货款的回收，进行客户关系管理。

营销总监还可以兼任商业间谍的角色和任务，因为他最方便监控竞争对手的情况，如对手正在开拓哪些市场、未涉足哪些市场，他们在销售上取得了多大的成功，他们拥有哪类生产线、生产能力如何等，以便充分了解市场，明确竞争对手的动向，有利于今后的竞争与合作。

5. 生产总监

生产总监是企业生产部门的核心人物，对企业的一切生产活动进行管理，并对企业的一切生产活动及产品负最终的责任。生产总监既是生产计划的制订者和决策者，又是生产过程的监控者，对企业目标的实现负有重大的责任。他的工作是通过计划、组织、指挥和控制等手段实现企业资源的优化配置，创造最大的经济效益。

在ERP企业经营沙盘模拟实训中，生产总监参与制定企业经营战略，负责指挥生产运营过程的正常进行，生产设备的选购、安装、维护及变卖和管理成品库等工作，要权衡利弊，优化生产线组合，保证企业产能。在本实训中，生产能力往往是制约企业发展的重要因素，因此生产总监要有计划地扩大生产能力，以满足市场竞争的需要；同时提供季度产能数据，为企业决策和运营提供依据。

6. 技术总监

技术总监是企业产品开发部门(技术部门)的核心人物，一般负责一个企业的技术管理体系的建设和维护，制定技术标准和相关流程，主持开发新技术、新产品，能够带领和激励自己的团队完成公司赋予的任务，实现公司的技术管理和支撑目标，为公司创造价值。一个好的技术总监不仅要自身具有很强的技术管理能力，同时也要有很强的技术体系建设和团队管理的能力，要对企业所在行业具有深入的理解、对行业技术发展趋势和管理现状具有准确的判断。技术总监是一个高技术含量的职业。

技术总监的具体职责为：组织研究行业最新产品的技术发展方向，主持制定技术发展战略规划；管理公司的整体核心技术，组织制定和实施重大技术决策和技术方案；及时了解和监督技术发展战略规划的执行情况；制订技术人员的培训计划，并组织安排公司其他相关人员的技术培训等。在本实训中，技术总监往往由生产总监兼任。

7. 采购主管

采购是企业生产的首要环节。采购主管负责各种原料的及时采购和安全管理，确保企业生产的正常进行；负责编制并实施采购供应计划，分析各种物资供应渠道及市场供求变化情况，力求在价格、质量上把好第一关，为企业生产做好后勤保障；进行供应商管理；进行原材料库存的数据统计与分析。

在 ERP 企业经营沙盘模拟实训中，采购主管负责依据生产计划制订采购计划、与供应商签订供货合同、按期采购原材料并向供应商付款、管理原料库等具体工作，确保在合适的时间点，采购合适的品种及数量的原材料，保证正常生产。

8. 人力资源总监

21 世纪，国家经济的核心是企业，企业的核心是人才，因此，人才是现代企业竞争中的核心竞争力。通常，一流的企业是由一流的人才组成的，优秀的产品是优秀的人才做出来的，因此，人力资源是企业的第一资源。人力资源总监负责企业的人力资源管理工作，具体包括企业组织架构设计、岗位职责确定、薪酬体系安排、组织人员招聘、考核等工作。

在 ERP 企业经营沙盘模拟实训中，原来没有设定此角色，但经过多轮实训，我们觉得有必要增设此角色，特别是在受训者人数比较多的情形下，对每个受训者的参与度与贡献度进行考评，提交 CEO 最终做出组内排名，成为学生实训成绩评定的重要依据之一。

9. 商业情报人员/商业间谍

知己知彼，方能百战百胜，闭门造车是不行的。商业情报工作在现代商业竞争中有着非常重要的作用，不容小觑。在受训者人数较少时，此项工作可由营销总监承担；在人数较多时，可设专人协助营销总监来负责此项工作。

10. 其他角色

在受训者人数较多时，可适当增设财务助理、CEO 助理、营销助理、生产助理等辅助角色，特别是财务助理这一角色很值得增设。为使这些辅助角色不被边缘化，应尽可能明确其所承担的职责和具体任务。

1.1.3　手工沙盘盘面与主要角色位置

手工沙盘盘面及主要角色的盘面定位如图 1-2 所示。

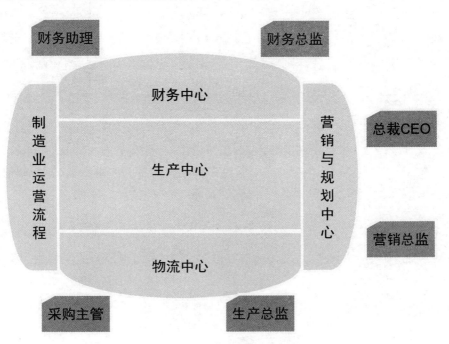

图 1-2　手工沙盘盘面及主要角色的盘面定位

实际采用的用友手工沙盘盘面如图 1-3 所示。

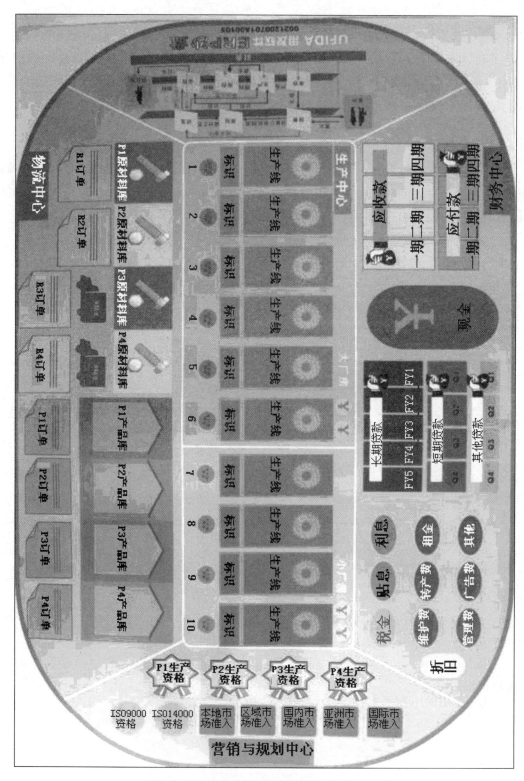

图 1-3   实际采用的用友手工沙盘盘面

1.1.4　关于企业的生存与破产

企业在市场上生存下来的基本条件：一是以收抵支，二是到期还债。如果企业出现以下两种情况，就将宣告破产。

1. 资不抵债

如果企业所取得的收入不足以弥补支出，导致所有者权益为负时，企业破产。

2. 现金断流

如果企业无力偿还到期的负债，则也会破产。

1.1.5　用友电子沙盘简介

用友电子沙盘是用友创业者企业模拟经营系统的简称，是用友公司在手工沙盘(也称物理沙盘)后推出的企业经营模拟软件，实现了选单、经营过程、报表生成、赛后分析的全自动，将指导教师从选单、报表录入、监控中解放出来，而将重点放在企业经营的本质分析上。

用友电子沙盘有以下几个特点。

(1) 采用 B/S(Browser/Server)架构，基于 Web 的操作平台，实现本地或异地的训练。

(2) 可以对运作过程的主要环节进行控制，主要表现在以下两方面：①一旦操作就不能返回该环节以前的操作，避免了环节作弊；②自动核对现金流，并依据现金流对企业运行进行控制，避免了随意挪用现金的操作，从而真实反映现金对企业运行的关键作用。

(3) 实现交易活动(包括银行贷款、销售订货、原料采购、交货、应收账款回收、市场调查等)的本地操作，以及操作合法性验证的自动化。

(4) 可以与实物沙盘结合使用，也可单独使用(注：高级训练时采用)。

(5) 有多组训练的选择，普通版可在 6～12 组中任选。

(6) 可以有限地改变运行环境参数，调节运行难度。

以上特点除帮助教师轻松完成训练外，还可以方便组织校内比赛，为学生提供更多的实战训练机会。

图 1-4 和图 1-5 分别为用友电子沙盘系统前台效果图和后台效果图。

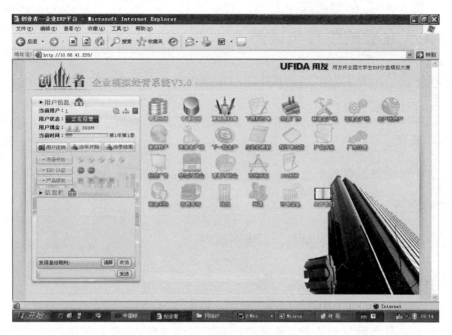

图 1-4　用友电子沙盘系统前台效果图

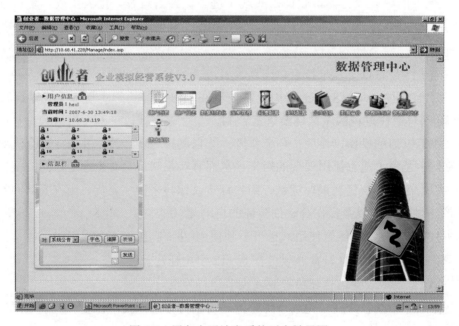

图 1-5　用友电子沙盘系统后台效果图

1.1.6　电子沙盘与手工沙盘的关系

物理沙盘是使用手工教具进行企业经营模拟操作的沙盘形式。物理沙盘具有操作性强、直观、易于操作、趣味性强的优点，但容易出现错误操作和不规范行为。用友电子沙盘(创业者企业模拟经营系统)是用友手工沙盘(ERP沙盘V4.0)的拓展和延伸,采用计算机软件的形式进行模拟对抗,具有规范性强、评判公平、有助分析等优点,但是由于缺少直观性,经营过程中容易出现失误。在教学和实训中电子沙盘和手工沙盘既可以相结合,也可以单独使用,通常,有条件的情况下,基于物理沙盘和电子沙盘的各自特点,教学中常常采用两者结合的形式进行。

用友创业者企业模拟经营系统是教师在讲授ERP沙盘模拟课程时所用的教学软件。利用它可以记录企业模拟竞争过程,收集各企业每年广告投入、成本费用、财务状况、经营成果等信息;协助完成选单过程;对各组经营情况进行销售分析、成本分析、财务分析等,减轻了教师的授课难度,便于基于大量数据的分析、对比工作。理想的教学模式是,对于初训者适宜将用友创业者企业模拟经营系统与实物沙盘相结合,利于学生对企业的经营及运作流程有一个直观的认识;对于已经熟悉了企业的运营流程、需进行经营决策的高级训练,可以单独使用创业者企业模拟经营系统来进行训练。

1.2 认识所要经营的企业

创业者沙盘(电子沙盘)可以是白手起家,也可以设定一个初始状态;ERP沙盘(手工沙盘)是一个固定的初始状态。本书以手工沙盘为例介绍如下。

"希望"公司是一个典型的离散制造型企业,创建已有3年。在本实训中,该企业的唯一盈利来源是销售产品以获取利润。

1.2.1 公司发展现状与股东期望

"希望"公司长期以来一直专注于某行业 P 产品的生产与经营,目前生产的 P1 产品在本地市场的知名度很高,客户也很满意;同时企业拥有自己的厂房,其中安装了三条手工生产线和一条半自动生产线,运行状态良好。但从历年盈利来看,增长已经放缓,上年度盈利仅为300万元;生产设备陈旧,产品、市场单一,企业管理层长期以来墨守成规地经营,导致企业已缺乏必要的活力。

不仅如此,最近一家权威机构对该行业的发展前景进行了预测,认为 P 产品将会从目前的相对低水平发展为一个高技术产品。为此,公司董事会及全体股东决定将企业交给一批优秀的新人去发展,他们希望新的管理层能做到以下几点。

(1) 投资新产品的开发,使公司的市场地位得到进一步提升。

(2) 开发本地市场以外的其他新市场,进一步拓展市场领域。

(3) 扩大生产规模,采用现代化生产手段,获取更多的利润。

1.2.2 企业财务现状描述

新管理层将接手经营的"希望"公司总资产为 1.05 亿元(模拟货币单位为 105M，M 表示百万元，下同)，其中，流动资产 52M，固定资产 53M，负债 41M，所有者权益 64M。

1. 流动资产 52M

流动资产包括现金、应收账款、存货等，其中存货又分为在制品、成品和原料。

该企业现有现金 20M，3 个账期(3Q，Q 表示季度，下同)的应收账款为 15M，在制品价值 8M，成品价值 6M，原料价值 3M。

2. 固定资产 53M

固定资产包括土地及厂房、生产设施、在建工程等。其中土地及厂房在此实训中专指厂房，生产设施指生产线，在建工程指未建设完工的生产线。

该企业现有一个价值 40M 的大厂房和价值 13M 的生产设备，包括 3 条手工生产线和 1 条半自动生产线，目前没有在建工程。

3. 负债 41M

负债包括短期负债、长期负债和各项应付款。其中短期负债主要指短期贷款、高利贷等，长期负债主要指长期贷款，各项应付款包括应付税金、应付货款等。

该企业现有长期贷款 40M、应付税金 1M，目前没有短期负债。

4. 所有者权益 64M

所有者权益包括股东资本、利润留存、年度净利等。股东资本是指股东的投资，利润留存是指历年积累下来的年度利润，而年度净利是指当年度的净利润。

该企业股东资本为 50M，利润留存为 11M，年度净利为 3M。

1.2.3 初始状态设定

1. 认识沙盘"语言"

原材料、资金与产品示意图如图 1-6 所示。

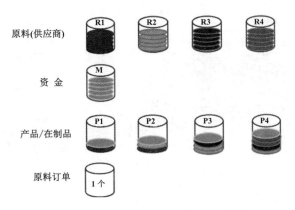

图 1-6 原材料、资金与产品示意图

2. 生产中心初始设定

生产中心的初始状态如图 1-7 所示。

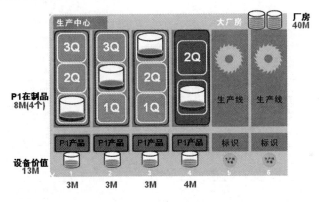

图 1-7 生产中心的初始状态

3. 物流中心初始设定

物流中心的初始状态如图 1-8 所示。

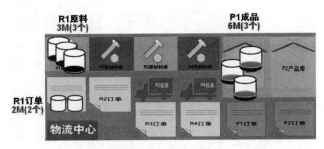

图 1-8 物流中心的初始状态

4. 财务中心初始设定

财务中心的初始状态如图 1-9 所示。

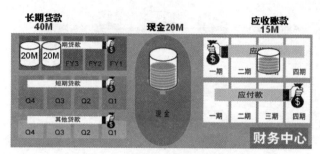

图 1-9　财务中心的初始状态

企业目前的财务状况及经营成果如表 1-1 所示。

表 1-1　企业目前的财务状况及经营成果

利润表

单位：百万元

		金额
销售收入	+	35
直接成本	-	12
毛利	=	23
综合费用	-	11
折旧前利润	=	12
折旧	-	4
支付利息前利润	=	8
财务收入/支出	+ / -	4
额外收入/支出	+ / -	0
税前利润	=	4
所得税	-	1
净利润	=	3

资产负债表

单位：百万元

资　　产		金额	负债＋权益		金额
现金	+	20	长期负债	+	40
应收款	+	15	短期负债	+	0
在制品	+	8	应付款	+	0
成品	+	6	应交税	+	1
原料	+	3	1 年到期的长贷	+	0
流动资产合计	=	52	负债合计	=	41
固定资产			权　　益		
土地和建筑	+	40	股东资本	+	50
机器和设备	+	13	利润留存	+	11
在建工程	+	0	年度净利	+	3
固定资产合计	=	53	所有者权益合计	=	64
总资产		105	负债＋权益	=	105

注：上表中的折旧采用原手工沙盘的折旧方法。如果采用平均年限折旧法，应为 5。

5. 营销与规划中心初始设定

营销与规划中心的初始状态如图 1-10 所示。

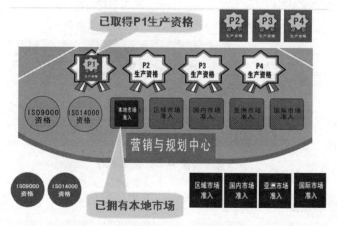

图 1-10　营销与规划中心的初始状态

1.3　模拟企业经营运营规则

1.3.1　市场规则表

1. 市场划分与市场准入规则

手工沙盘企业目前在本地市场经营，新市场包括区域、国内、亚洲、国际市场，不同市场投入的费用及时间不同，只有市场投入全部完成后方可接单。各市场间没有必然的联系，也就是说我们可以跳跃式地选择所要开发的市场，如放弃其中某一两个市场。不同市场的开发费用与开发时间如表 1-2 所示。

表 1-2　不同市场的开发费用与开发时间

市场	开发费用	开发时间	说明
本地	1M	1 年	手工沙盘已有此市场，电子沙盘需自己开发
区域	1M	1 年	各市场开发可同时进行；
国内	2M	2 年	资金短缺时可随时中断或终止投入；
亚洲	3M	3 年	开发费用按开发时间平均投入，不许加速投资；
国际	4M	4 年	市场开拓完成后，领取相应的市场准入证

市场开发投资按年度支付，允许同时开发多个市场，但每个市场每年最多投资为 1M；不允许加速投资，但允许中断；市场开发完成后持开发费用到指导教师处领取市场准入证，之后才允许进行该市场竞单。

2. 销售会议与订单争取

销售预测和客户订单是企业生产的依据。

1) 销售会议

每年初各企业的营销总监与客户见面并参加销售会议，根据市场地位、产品广告投入、市场广告投入和市场需求及竞争态势，按顺序选择订单。

2) 市场地位

市场地位是针对每个市场而言的。企业的市场地位根据上一年度各企业的实际销售额排列，销售额最高的企业称为该市场的"市场领导者"，俗称"市场老大"。市场老大不是一成不变的，而是有可能改变的。

3) 广告投放

广告是分市场、分产品投放的，投入 1M 有一次选取订单的机会，以后每多投 2M 增加一次选单机会，但能否选上单则取决于市场需求、竞争态势等。例如，A 公司为第三年本地市场老大，它在 P2 产品上投放了 5M 广告费，获得 3 次选单的机会，但在第一轮选单完毕后，只剩下了一张订单，因此，A 公司只能实现 2 次重复选单，却不能实现 3 次重复选单。

在"广告报价单"中按市场、产品决定投放广告费用。广告投放有的有认证要求，其中 9K 和 14K 分别指 ISO 9000 和 ISO 14000 认证，如果希望获得标有"ISO 9000"或"ISO 14000"的订单，则必须在相应的栏目中投入 1M 且只需要 1M 的广告费，该投入对该市场的所有产品有效。

4) 客户订单

客户订单以卡片的形式表示，卡片上标注了市场、产品、产品数量、单价、订单价值总额、账期、特殊要求等，具体介绍如下。

➢ 订单上的账期代表客户收货时货款的交付方式。若为 0 账期，则现金付款；若为 3 账期，则表示客户付给企业的是 3 个季度到期的应收账款。

➢ 如果订单上标注了"ISO 9000"或"ISO 14000"，则要求生产单位必须取得相应的认证并投放了认证的广告费，两个条件都具备，才能接此订单。电子沙盘只需要取得 ISO 资格即可，不需要打 ISO 的广告。

➢ 如果订单上有"加急!!!"字样，表示此订单为加急订单，必须在第一季度交货；其余订单为普通订单，可以在当年内任一季度交货。如果不能按时交货，企业将受到以下处罚：①因不守信用市场地位下降一级，如果是市场老大没有按期交货，则市场地位下降后，本年该市场没有市场老大；②下一年该订单必须最先交货；③交货时扣除该订单总额的 20%(取整)作为违约金。

注意：

➢ 电子沙盘有多种交单期限。按订单交货可以提前，但不可以推后，违约收回订单并按订单的 20%扣除违约金。此点与手工沙盘有区别。

5) 订单争取

客户订单是按市场划分的，选单次序如下。

首先，由上一年在该市场的领导者最先选择订单；其次，按产品的广告投入量的多少，依次选择订单。若在同一产品上有多家企业的广告投入相同，则按该市场上全部产品的广告投入量决定选单顺序；若市场的广告投入量也相同，则按上年订单销售额的排名决定顺序，否则通过招标方式选择订单。

说明：

➢ 市场老大要想获得选单机会，至少要投 1M 的广告费。

➢ 无论我们投入多少广告费，每次只能选择 1 张订单，然后等待下一次选单机会。

➢ 各个市场的产品数量是有限的，并非打广告就一定能得到订单；能分析清楚"市场预测"并且"商业间谍"得力的企业，一定占据优势。

1.3.2 企业运营规则表

现实生活中，企业需要遵循各项法律、法规和产品开发、生产运作、资金融通的原则。在本实训中，企业运营规则简要归结为以下几方面。

1. 厂房购买、租赁与出售

厂房购买、租赁与出售规则如表 1-3 所示。

表 1-3　厂房购买、租赁与出售规则

厂房	买价	租金	售价	容量
大厂房	40M	5M/年	40M(4Q)	6 条生产线
小厂房	30M	3M/年	30M(3Q)	4 条生产线

购买厂房后，将购买款放在厂房价值处，表明该厂房的价值，厂房不提折旧；租赁厂房的租金，放在综合费用区的租金项；出售厂房收入计入 4Q 应收款，不是可以马上使用的现金，急需用钱可以贴现；如果厂房里仍有生产线，需要马上支付租金。

2. 生产线购买、转产、维护、出售与折旧

生产线购买、转产、维护、出售与折旧规则如表 1-4 所示。

表 1-4　生产线购买、转产、维护、出售与折旧规则

生产线	买价	安装周期	生产周期	转产周期	转产费用	维护费用	出售残值
手工线	5M	无	3Q	无	无	1M/年	1M
半自动	10M	2Q	2Q	1Q	1M	1M/年	2M
全自动	15M	3Q	1Q	1Q	2M	1M/年	3M
柔性线	20M	4Q	1Q	无	无	1M/年	4M

➢ 购买：投资新生产线时按安装周期平均支付投资，在全部投资到位的下一个季度领取产品标识，开始生产；因此，投资完成后的下一个季度才算生产线建成。生产线建成后，不得在各厂房间移动。

➢ 转产：现有生产线转产生产新产品时可能需要一定转产周期并支付一定转产费用，最后一笔费用支付到期一个季度后方可更换产品标识。只有空的并且已经建成的生产线方可转产。

➢ 维护：当年在建的生产线和当年出售的生产线不用交维护费；当年建成的生产线要交维护费。

➢ 出售：无论何时出售生产线，价格均为残值，该部分转换为现金；净值与残值之差计入损失(综合费用-其他)。在交维护费之前已出售的生产线，当年不用交维护

费。例如，B 公司现欲出售半自动生产线一条，若净值为 2M，其净值等于出售残值，则直接将净值 2M 转换为现金；若净值为 4M，大于残值 2M，则将相当于残值的 2M 净值转换为现金，另外 2M 净值计入综合费用区中的其他费用。

➢ 折旧：折旧采用 5 年平均年限折旧法，如表 1-5 所示。当年建成的生产线不提折旧；当生产线净值等于残值时，不再计提折旧。

表 1-5　折旧表(平均年限法)

生产线	购置费	残值	建成第一年	建成第二年	建成第三年	建成第四年	建成第五年
手工线	5M	1M	0	1M	1M	1M	1M
半自动	10M	2M	0	2M	2M	2M	2M
全自动	15M	3M	0	3M	3M	3M	3M
柔性线	20M	4M	0	4M	4M	4M	4M

例如，第一年 1Q 投建柔性生产线，连续投资到第 4Q，投资完成；第二年 1Q 领取产品标识，开始生产。因此，该条生产线的建成时间是第二年 1Q，而不是第一年 4Q。综上，该生产线第一年 4Q 尚在建设中，既不用交维护费，也不需要折旧；第二年是建成的第一年，不用折旧，但要交维护费；第三年是建成的第二年，既要交维护费，也要提折旧。

【规则对比】

传统手工沙盘生产线购买、转产、维护、出售与折旧的原定规则如表 1-6 所示。

表 1-6　传统手工沙盘生产线购买、转产、维护、出售与折旧的原定规则

生产线	买价	安装周期	生产周期	转产周期	转产费用	维护费用	出售残值
手工线	5M	无	3Q	无	无	1M/年	1M
半自动	8M	2Q	2Q	1Q	1M	1M/年	2M
全自动	16M	4Q	1Q	2Q	4M	1M/年	4M
柔性线	24M	4Q	1Q	无	无	1M/年	8M

(1) 购买：同表 1-4 的介绍。

(2) 转产：同表 1-4 的介绍。

(3) 维护：同表 1-4 的介绍。

(4) 出售：同表 1-4 的介绍。

(5) 折旧：每年按生产线净值的 1/3 取整计算折旧。当年建成的生产线不提折旧；当生产线净值小于 3M 时，每年提 1M 折旧，直至净值为零，但生产线依旧可以使用，只是不再提折旧了，但要交维护费。

3. 产品构成与产品生产

产品研发完成后，即可生产。生产不同的产品需要不同的原料，具体产品的构成与成

本如表 1-7 所示。

表 1-7　产品的构成与成本

产品	产品成本构成				直接成本
P1	1M 加工费	1R1			2M
P2	1M 加工费	1R1	1R2		3M
P3	1M 加工费	2R2	1R3		4M
P4	1M 加工费	1R2	1R3	2R4	5M

> R1 红币、R2 橙币、R3 蓝币、R4 绿币均为原材料，每个价值均为 1M。
> 生产上述产品所需支付的加工费相同，均为 1M/产品，用灰币代表。每条生产线同时只能有一个产品在线生产，开始生产时要按产品结构要求将原材料放在生产线上并支付 1M 加工费后方可生产。

4. 原材料采购

原材料采购涉及两个环节，即签订采购合同和按合同收料。签订采购合同时，要注意采购提前期，即 R1、R2 需要提前一期下订单，R3、R4 需要提前二期下订单，到期方可取料。早了会造成原材料积压，占用资金；晚了会造成停工待料，影响生产效率。

用空桶表示原材料订货，将其放在沙盘盘面相应的原材料订单上，并记入采购登记表中订购数量的相应栏目，订货时不付款。货物到达时，必须照单接收，即按合同收料并支付原材料费，同时记入采购登记表中采购入库的相应栏目。

5. 产品研发

产品研发费用与研发周期如表 1-8 所示。

表 1-8　产品研发费用与研发周期

产品	P1	P2	P3	P4	备注说明
研发时间	2Q	4Q	6Q	6Q	手工沙盘已可生产 P1，电子沙盘需先研发，研发时间可以延期，但不能加速投资
研发投资	2M	4M	6M	12M	

新产品的研发、投资可以同时进行，按研发周期平均支付研发投资；资金短缺时，可以随时中断或终止投资；全部投资完成后的下一周期方可开始生产，但可提前在年初接订单。例如，P3 产品研发周期为 6Q，企业从第一年 1Q 开始研发 P3 产品，最快要到第二年 2Q 才能完成研发投资，因此，最快要到第二年 3Q 方可开始生产 P3 产品。但在企业参加第二年销售订货会议时，已经可以接 P3 产品订单，虽然此时 P3 产品研发尚未完成。

当年研发投资计入当年综合费用，研发投资完成后持全部投资换取产品生产资格证。

【规则对比】

传统手工沙盘产品研发的原定规则如表 1-9 所示。

表 1-9　传统手工沙盘产品研发的原定规则

产品	P2	P3	P4	备注说明
研发时间	6Q	6Q	6Q	研发时间可以延期,但不能加速投资
研发投资	6M	12M	18M	

新产品的研发、投资可以同时进行,按季度平均支付;资金短缺时,可随时中断或终止投入,但不可加速投资;必须完成全部投资后方可生产,但可提前接单。例如,P2 产品研发周期为 6Q,企业从第一年 1Q 开始研发 P2 产品,最快要到第二年 2Q 才能完成研发投资,因此,最快要到第二年 3Q 方可开始生产 P2 产品。但在企业参加第二年销售订货会议时,已经可以接 P2 产品订单,虽然此时 P2 产品研发尚未完成。

研发投资计入综合费用,研发投资完成后,持全部投资到裁判台换取产品生产资格证。

6. ISO 认证

ISO 认证费用与认证周期如表 1-10 所示。

表 1-10　ISO 认证费用与认证周期

ISO 认证体系	ISO 9000 质量认证	ISO 14000 环境认证	备注说明
持续时间	2 年	3 年	认证时间可以延期,但不能提前
认证费用	2M	3M	

两项认证投资可同时进行,按持续时间平均支付认证费用。相应投资完成后持全部费用换取相应的 ISO 资格证。当年认证投资计入当年综合费用。

注意:

➢ 电子沙盘 ISO 14000 的开发周期为 2 年,2M/年。

7. 融资贷款与资金贴现

融资贷款与资金贴现规则如表 1-11 所示。

表 1-11　融资贷款与资金贴现规则

贷款类型	办理时间	最大额度	利息率	还本付息时间	贷/息
长贷(5 年)	年末	上年权益 2 倍	10%	年底付息,到期还本	20M/2M
短贷(1 年)	季初	上年权益 2 倍	5%	到期还本、付息	20M/1M
高利贷 1 年	随时	与银行协商	20%	到期还本、付息	20M/4M
资金贴现	随时	视应收款额	1/8	变现付息	8M/1M
库存拍卖	随时	原材料八折,成品原价			

说明：

> 本年长期贷款的最大额度＝上年权益×2－已贷长期贷款，短期贷款同理。贷款以 20M 及 20M 的整数倍为单位，资金贴现以 8M 及 8M 的整数倍为单位。每 8M 的应收款交纳 1M 的贴现费用，放入综合费用区的贴息栏，其余 7M 作为现金放入现金库。库存拍卖中，原料八折，成品原价；原料拍卖金额向下取整。长期贷款在贷款的次年开始支付利息，当年还的长贷该年也要交利息。手工沙盘的长期贷款时间在年末。

注意：

> 电子沙盘长期贷款时间在年初，付息也在年初；贷款年限为 2～5 年，贷款以 10 的倍数为单位。长短贷合计贷款额度为上年权益的 3 倍。1、2 期应收款贴息率为 1/10，3、4 期应收款贴息率为 1/8。电子沙盘中没有高利贷。

【规则对比】

传统手工沙盘融资贷款与资金贴现的原定规则如表 1-12 所示。

表 1-12　传统手工沙盘融资贷款与资金贴现的原定规则

贷款类型	办理时间	最大额度	利息率	还本付息时间	贷/息
长贷(5 年)	年末	上年权益 2 倍	10%	年底付息，到期还本	20M/2M
短贷(1 年)	季初	上年权益 2 倍	5%	到期还本、付息	20M/1M
高利贷(1 年)	随时	与银行协商	20%	到期还本、付息	20M/4M
资金贴现	随时	视应收款额	1/7	变现付息	7M/1M

说明：

> 资金贴现以 7M 及 7M 的整数倍为单位，每 7M 的应收款交纳 1M 的贴现费用，放入综合费用区的贴息栏；其余 6M 作为现金放入现金库。

8. 综合费用与折旧、税金、利息

> 综合费用：行政管理费(每个季度 1M)、市场开拓、产品研发、ISO 认证、广告费、生产线转产、设备维修、厂房租金等计入综合费用。

> 折旧：设备折旧按平均年限法计算。当年建成的生产线不提折旧；当生产线净值等于残值时，不再计提折旧。

> 税金：每年所得税计入应付税金，在下一年初缴纳。

> 利息：利息、贴息等费用在利润表(损益表)中单列为财务支出，不计入综合费用。

【规则对比】

传统手工沙盘的原定规则

设备折旧按余额递减法计算，每年按生产线净值的 1/3 取整计算折旧。当年建成的生产线不提折旧；当生产线净值小于 3M 时，每年提 1M 折旧。

1.3.3　编制财务报表说明

利润表和资产负债表的编制方法分别如表 1-13 和表 1-14 所示。

表 1-13　利润表的编制(以起始年为例)

单位：百万元

序号	项目		上年	本年	数据来源
1	销售收入	+	35	32	产品核算统计表中的销售额合计
2	直接成本	−	12	12	产品核算统计表中的成本合计
3	毛利	=	23	20	产品核算统计表中的毛利合计
4	综合费用	−	11	9	综合管理费用明细表的合计
5	折旧前利润	=	12	11	序号 3 行数据 − 序号 4 行数据
6	折旧	−	4	4	盘点盘面上的折旧数据
7	支付利息前利润	=	8	7	序号 5 行数据 − 序号 6 行数据
8	财务收入/支出	+/−	4	4	支付借款、高利贷利息和贴息计入财务支出
9	其他收入/支出	+/−			其他财务收支
10	税前利润	=	4	3	序号 7 行数据 − (+)序号 8、9 行数据
11	所得税	−	1	1	序号 10 行数据为正数时除以 3 取整
12	净利润	=	3	2	序号 10 行数据 − 序号 11 行数据

提示：

➤ 如果前几年净利润为负数，今年的盈利可先用来弥补以前的亏损，剩余后再计算缴税。

➤ 税前利润＝支付利息前利润 − 财务支出 − 其他支出 ＋ 财务收入 ＋ 其他收入。

表 1-14 资产负债表的编制(以起始年为例)

单位：百万元

资产		年初	本年(数据来源)	负债+所有者权益		年初	本年(数据来源)
流动资产：				负债：			
现金	+	20	42(盘点现金库中现金)	长期负债	+	40	40(除1年到期长贷)
应收款	+	15	0(盘点应收账款)	短期负债	+	0	0(盘点短期借款)
在制品	+	8	8(盘点线上在制品)	应付款	+	0	0(盘点应付账款)
成品	+	6	6(盘点库中成品)	应交税	+	1	1(根据本年度利润表中的所得税填列)
原料	+	3	2(盘点原料库中原料)	1年到期的长贷	+		(盘点1年到期长贷)
流动资产合计	=	52	58(以上五项之和)	负债合计	=	41	41(以上五项之和)
固定资产：				所有者权益：			
土地和建筑	+	40	40(厂房价值之和)	股东资本	+	50	50(股东不增资的情况下为50)
机器设备	+	13	9(设备净值之和)	利润留存	+	11	14(上一年利润留存+上一年年度净利)
在建工程	+	0	0(在建设备价值之和)	年度净利	+	3	2(利润表中净利润)
固定资产合计	=	53	49(以上三项之和)	所有者权益	=	64	66(以上三项之和)
总资产	=	105	107(流动资产+固定资产)	负债+权益	=	105	107

1.4 商业情报

"知己知彼，方能百战百胜"。因此，谁掌握情报，谁就能在激烈的市场竞争中处于主动的地位，谁就能赢得时间、市场和利润。商业情报的来源主要分为两大类，即一手情报和二手情报。一手情报主要通过亲自调查获得；二手情报主要通过中间环节获得，如新闻报道、研究报告等。

本对抗竞赛有关产品需求预测来源于二手情报，即一家权威机构对该行业发展前景的预测报告，而有关竞争对手的情报要靠各企业自己调查。

1.4.1　读懂市场预测

在本实训中，市场预测是各企业能够得到的关于产品市场需求的唯一可参考的有价值的信息，对市场预测的分析与企业的营销方案策划息息相关。在市场预测中发布了近几年关于该行业产品市场的预测资料，包括各市场和各产品的总需求量、平均价格情况、客户关于技术及产品的质量要求等，见附录 2。

不同数量的参赛组有不同的市场预测。附录 2 分别给出了 6～12 组的市场预测。预测图由左侧的柱形图和右侧的折线图构成，柱形图中分别给出了 P1、P2、P3、P4 四种产品 1—6 年的年产品需求量，折线图中的四个折线分别代表了这四种产品平均价格的走向趋势。

在市场预测中，除了直观的图形描述外，还有文字说明，特别是关于客户对技术及产品的质量要求等细节。在附录"F2.1　六组竞赛市场预测"小节中有关于市场预测的简略分析，供参考。

1.4.2　竞争对手分析

营销总监或商业间谍可以通过实地调查了解竞争对手的情况，电子沙盘还可通过系统获取竞争对手的情报，如他们研发了哪些产品、进展如何、开拓了哪些市场、生产能力如何、融资情况如何等。竞争对手分析有利于企业合理利用资源，有针对性地制定战略与策略，开展竞争与合作。

1.5　"约创"云平台操作指导

约创云平台登录网址为www.staoedu.com，登录时请使用 chrome 浏览器。实训阶段共分为年初、年中、年末 3 个部分，用户可按照时间进行。

1.5.1　年初

1. 投放广告

在年初会有 5 分钟的时间来进行促销广告的投放。广告资金花费"总经理"的钱，若总经理没有现金，则无法投放广告。投放流程：右下角"订货会"→"选单"→"投放广告"，如图 1-11 所示。

图 1-11　投放广告

需注意：广告投放的是市场广告，不再针对单一产品，即"本地"市场投放广告后该市场的所有产品订单均可进行选单。促销广告结束后"促销广告"按钮会消失，生成选单排名，如图 1-12 所示。最终排名是按照"促销广告额＋战略市场广告份额＋CSD 值(客户满意度)"进行综合计算的。

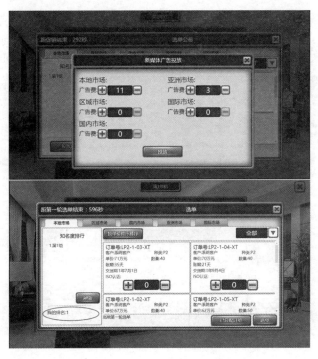

图 1-12　广告投放及选单排名

2. 选单

在年初会有 10 分钟的第一轮选单和 5 分钟的第二轮选单。促销广告结束后界面会直接跳转到选单界面。选单流程：单击订单的"＋"或"－"按钮进行订单数量的选择，确定后单击"选单"按钮，并提示选单成功，如图 1-13 所示。

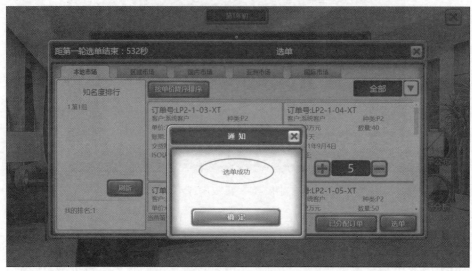

图 1-13　第一轮选单

第二轮选单方式相同，进行第一轮剩余订单的选择，如在第一轮没有选满，可以通过第二轮选单进行补充，如图 1-14 所示。

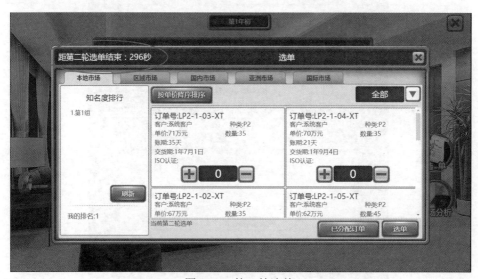

图 1-14　第二轮选单

需注意：如果两轮选择同一张订单，则实际分配时会将两轮数量添加成同一张订单。第一、二轮选单轮数之间可以通过"已分配订单"查看自己获取的订单。如果当前轮数选择订单数量过多或过少，可以继续单击"+""－"按钮调整订单数量，并单击"选单"按钮重新确认最终订单，实际选单按照最后一次单击"选单"按钮为准；如果第一轮已经结束，则第一轮获取的订单将无法修改。

分配标准按照排名先后进行订单的分配，优先满足排名靠前的需求，选单一共两次分配机会，分别在两轮选单结束。图 1-15 所示为本地市场选单结果。

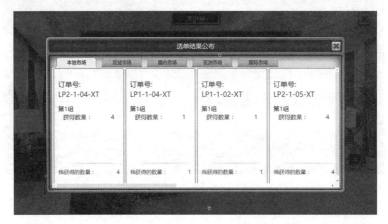

图 1-15　本地市场选单结果

3．市场准入

在年初 20 分钟广告和选单时间段内，可以进行"市场准入"(即开拓市场)操作。开拓资金花费"总经理"的钱，若总经理没有现金，则无法开拓市场。市场准入流程：左上角"公司大厦"→"总经理办公室"→"资质开发"→"市场准入"，如图 1-16 所示。

图 1-16　市场准入

需注意：资质开发结束后可以选择具备相应资质的订单，如"区域市场"开发周期为 1 年。

4．ISO 认证

在年初 20 分钟广告和选单时间段内，可以进行"ISO 认证"操作。认证资金花费"总经理"的钱，若总经理没有现金，则无法认证。ISO 认证流程：左上角"公司大厦"→"总经理办公室"→"资质开发"→"ISO 认证"，如图 1-17 所示。

需注意：认证开发结束后可以选择具备相应认证的订单，开发周期为 1 年。

图 1-17　ISO 认证

1.5.2　年中

当日期显示为×年×月×日时，即为进入年中阶段，如图 1-18 所示。

图 1-18　年中阶段

1. 公司大厦

单击界面左上角进入"公司大厦"，公司大厦分为 4 个岗位办公室：总经理办公室、财务部办公室、采购部办公室、销售部办公室，如图 1-19 所示。

图 1-19　"公司大厦"界面

1) 总经理办公室

"总经理办公室"显示界面：头像、时间、资金情况、可操作图标按钮，如图 1-20 所示。

图 1-20　"总经理办公室"显示界面

(1) 厂房调整。

厂房调整是对厂房进行购买或租用及续租操作，如图 1-21 所示。

图 1-21　厂房调整

需注意：租用厂房无法进行租转买。

(2) 预算申报。

预算申报是各个岗位从财务部获取资金的唯一方法，如图 1-22 所示。

图 1-22　预算申报

需注意：在申报预算时，需选择自己的当前岗位，并且输入申报金额，进行申报操作，由财务部审批后即可获取资金。

(3) 消息中心。

消息中心用来查看所有岗位的资金运作情况，如图 1-23 所示。

图 1-23　消息中心

(4) 产品资质研发。

在年中时间段内，可以进行"产品资质研发"操作。研发资金花费"总经理"的钱，若总经理没有现金，则无法研发。产品资质研发流程：左上角"公司大厦"→"总经理办公室"→"资质开发"→"产品资质"，如图 1-24 所示。

图 1-24　产品资质研发

需注意：到期需要手动进行下一个周期的研发。

(5) 公司详情。

公司详情用于查看公司内所有岗位的当前情况，如资金状况、产品库存、原料库存、厂房状况、生产线状况、资质状况、操作人员、CSD 的集合、知名度的集合，如图 1-25 所示。

图 1-25　公司详情

(6) 情报。

通过花费资金对其他组进行间谍活动，可以看到其他组一个月的公司情况。

2) 财务部办公室

"财务部办公室"显示界面：头像、时间、资金情况、可操作图标按钮，如图 1-26 所示。

图 1-26　"财务部办公室"显示界面

(1) 反向拨款。

当某个岗位资金过多时,可以进行资金的反向调拨,将其岗位资金拨回财务部,如图 1-27 所示。

图 1-27　设置调拨金额

(2) 费用支出。

费用支出是对每个月应缴纳的费用进行手动缴纳,如图 1-28 所示。

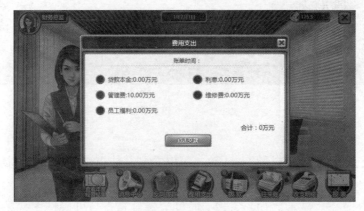

图 1-28　费用支出

需注意：各项应缴费金额由系统计算生成，费用支出操作在当月 1 日到 30 日期间都可以进行。

（3）拨款。

当某岗位进行资金申报时，财务部可以通过"拨款"操作进行批准或驳回操作，如图 1-29 所示。

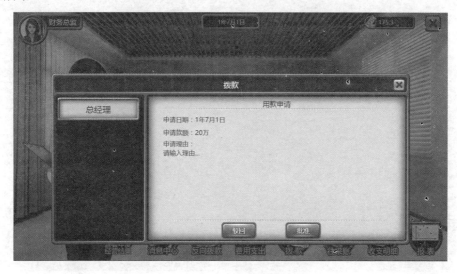

图 1-29　拨款操作

需注意：若某岗位的申报没有进行"批准"或"驳回"操作，则当前岗位无法进行二次申报。

（4）往来账。

往来账即应收款收现，需要进行手动收现操作，应收款贴现也在此进行操作，如图 1-30 所示。

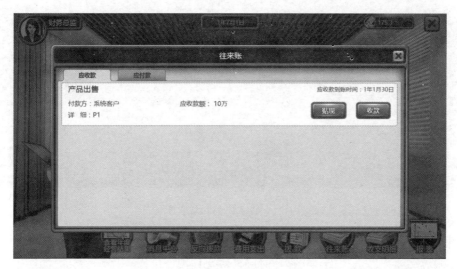

图 1-30　往来账操作

(5) 收支明细。

收支明细分为"收支明细"和"贷款明细"两种,可以查看所有岗位的各项资金流向,以及贷款的时间、金额及利息等,如图 1-31 所示。

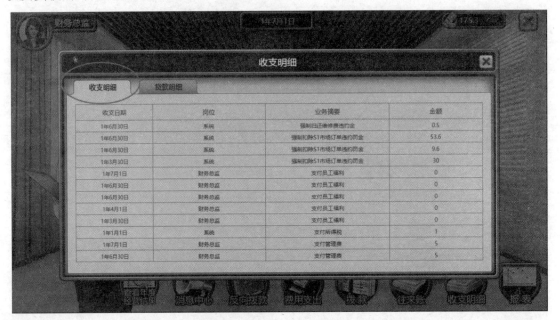

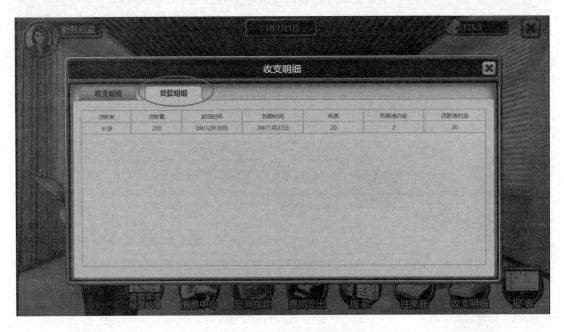

图 1-31　收支明细和贷款明细

3) 采购办公室

"采购办公室"显示界面:头像、时间、资金情况、可操作图标按钮,如图 1-32 所示。

图 1-32 "采购部办公室"显示界面

"仓库订单"用来查看原材料库存和原材料订单，如图 1-33 所示。

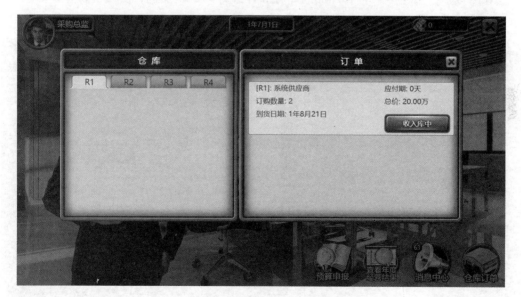

图 1-33 查看仓库和订单

4) 销售部办公室

"销售部办公室"显示界面：头像、时间、资金情况、可操作图标按钮，如图 1-34 所示。

图 1-34　"销售部办公室"显示界面

"仓库订单"按钮用来查看产品的库存和详细订单，以及进行交货的操作，如图 1-35 所示。

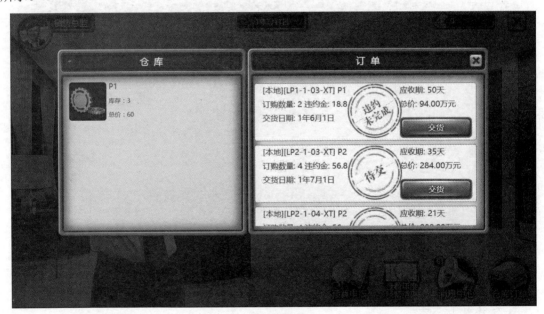

图 1-35　查看仓库和订单

需注意：订单交货分为"待交""完成""违约未完成""违约已交"和"违约取消" 5 种情况。

2. 代工厂

代工厂模块如图 1-36 所示。

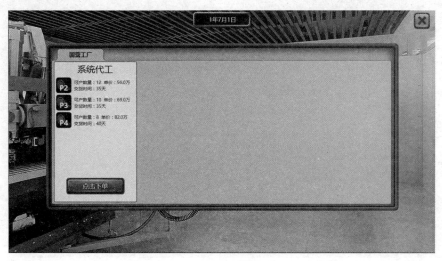

图 1-36 代工厂

需注意以下几项。

(1) 代工厂生产不需要原料、资质和工人，只需要在收货时交付代工费即可。

(2) 代工厂数量为当前市场所有组可用数量，即 1 组已代工 12 个 P2，则 2 组 P2 代工数量为 0。

(3) 代工厂数量每个季度的 1 日会自动刷新，即 1 月 1 日、4 月 1 日、7 月 1 日、10 月 1 日。

(4) 代加工订单在"生产车间"→"厂房"→"代工订单"中查看，如图 1-37 所示。

(5) 收货扣款为"生产总监"的资金。

图 1-37 代工订单

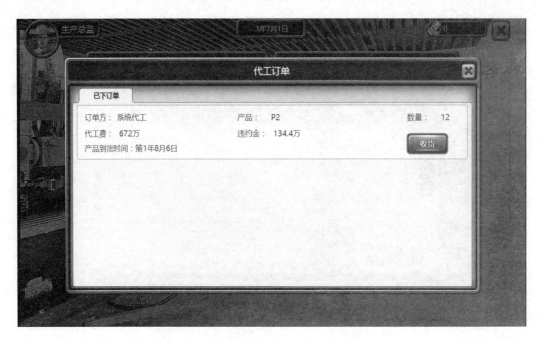

图 1-37 代工订单(续)

3. 生产车间

每个企业可以购买或租用 A、B、C、D 4 个厂房,如图 1-38 所示。

图 1-38 厂房

厂房内生产线的状态如图 1-39 所示。

图 1-39 生产线状态

1) 生产明细

单击"生产明细"按钮，可直观看到生产线所有明细，如图 1-40 所示。

生产线	线型	产品	状态	状态期	到期日期	在制品成本	建成日期	当前净值	当前生产速度
1001	手工线	P1	在产	2/2	1-21	20	0-9-5	45	90
1002	手工线	P1	在产	1/2	2-30	20	0-3-5	42.5	90
1003	手工线	P1	在产	1/2	2-21	20	0-11-27	35	90
1004			空闲						
2001			空闲						
2002			空闲						
2003			空闲						
2004			空闲						
3001			空闲						

图 1-40 查看生产明细

2) 全线推进

当生产线的在建、技改、转产、生产周期更换(即手工线 1 期和 2 期)时间到期后，可以进行"全线推进"操作，进入下一个阶段，如图 1-41 所示。

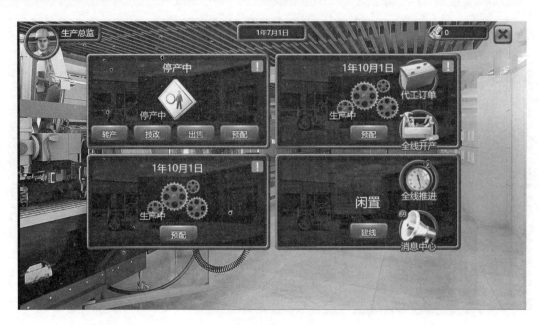

图 1-41　全线推进

3) 预配

单击"预配"按钮，可对生产线预配原材料和工人，如图 1-42 所示。当开始生产后就可以进行下一次预配，不用等到产品下线。

图 1-42　生产预配

需注意：预配后跨年没有生产，原材料和工人将会在年末自动清空。

4) 转产

单击"转产"按钮，可进行生产线产品类型的转变，如图 1-43 所示。

图 1-43　产品转产

需注意：只有当生产线处于停产状态时才可以进行"转产"操作。

5）技改

单击"技改"按钮，可缩短当前生产线的生产周期，如图 1-44 所示。

图 1-44　生产线技改

需注意以下几项。

(1) 技改效果是永久的。

(2) 只有当生产线处于停产状态时才可以进行"技改"操作。

(3) 技改次数有限制，不会一直技改下去。

(4) 技改缩短的时间是原时间的 10%。

6) 全线开产

单击"全线开产"按钮，将停产或待产状态的生产线进行生产操作，如图1-45所示。

图1-45　全线开产

需注意：开产条件是生产线必须为预配后的待产状态，并且生产总监有资金支付加工费。

4. 现货交易市场

用于紧急采购原材料、出售原材料和紧急采购成品、出售成品，如图1-46所示。

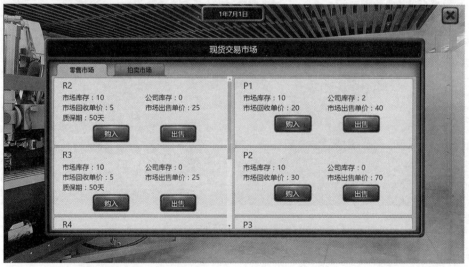

图1-46　现货交易市场的相关信息

需注意：原材料的购入和出售操作所花资金为"采购总监"的，产品的购入和出售操作所花资金为"销售总监"的。

5. 战略市场大厦

战略市场大厦用于投放战略广告，将按照不同份额影响之后年份的知名度排行，如图 1-47 所示。

图 1-47　各市场的广告投放与知名度排行

需注意：战略广告的投放资金花费"总经理"的钱，若总经理没有现金，则无法投放。战略广告份额按照 60%、30%、10%的比例影响第二年、第三年、第四年的知名度。

6. 银行

银行用于贷款操作，如图 1-48 所示。

图 1-48　贷款操作

需注意：贷款份额短贷为 10，长贷为 20，右下角可以查看已贷额度和可贷额度。

7. 原料订货大厦

原料订货大厦用于订购原材料，如图1-49所示。

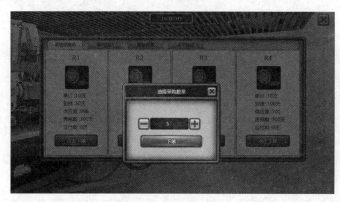

图 1-49　订购原材料

需注意以下事项。

(1) 供应量为当前市场所有组数的供应量，按年刷新。

(2) 原材料有质保期，过期后由系统自动收回。

(3) 原材料订单在"采购办公室"→"仓库订单"中查看。

1.5.3　年末

年末一共5分钟时间，计算填写报表和整理下一年规划。

1. 年度经营结果

单击总经理办公室、财务部办公室、采购部办公室、销售部办公室的"查看年度经营结果"按钮即可查看，当前场地所有组的利润、权益和分数已经对应的排名均会展现，如图1-50所示。

图 1-50　查看年度经营结果

2. 财务报表

单击"年末阶段"→"财务部办公室"→"报表"按钮,进行报表的填写和提交,如图 1-51 所示。

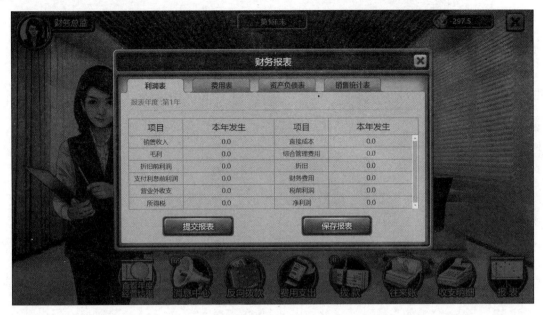

图 1-51　财务报表

1.6　小试牛刀

1.6.1　手工沙盘起始年运行

企业选定新的管理团队之后,原有管理层总要"扶上马,送一程"。因此,在起始年里,新的管理团队仍受制于老的管理团队,企业的决策由老的团队定夺,新管理层只能执行。起始年的主要目的是促进新管理团队的磨合,以及让新管理层进一步熟悉并掌握运营规则,明晰企业的运营流程。起始年运行应在指导教师的控制下进行。

起始年运营说明如下。

➢ 不进行任何贷款。

➢ 不投资新的生产线。

➢ 不进行产品研发。

➢ 不购买新厂房。

> ➤ 不开拓新市场。
>
> ➤ 不进行 ISO 认证。
>
> ➤ 每季度订购一批 R1 原料。
>
> ➤ 生产持续进行。

模拟企业每年的运行流程(以财务用表为例)

模拟企业运行流程表如表 1-15 所示。各企业应跟随指导教师的指令按流程逐步运行,并在附录 1 的相关表格中做记录,同时在沙盘盘面上做相应操作。

表 1-15　模拟企业运行流程表(财务用表)

新年度规划会议				按订单交货			
参加订货会/登记销售订单				产品研发投资			
制订新年度计划				支付行政管理费			
支付应付税				其他现金收支情况登记			
季初现金盘点				支付租金/购买厂房			
更新短贷/支付利息/获得新贷款				支付利息/更新长期贷款/申请长期贷款			
更新应付款/归还应付款				支付设备维护费			
原材料入库/更新原料订单				计提折旧			
下原料订单				新市场开拓/ISO 认证投资			
更新生产/完工入库				结账			
投资新生产线/变卖生产线/生产线转产				现金收入合计			
向其他企业购买原材料/出售原材料				现金支出合计			
开始下一批生产				期末现金对账			
更新应收款/应收款收现							
出售厂房							
向其他企业购买成品/出售成品							

销售订单登记表如表 1-16 所示。销售会议完成后,请将市场订单登记在附录 1 的相应表格中。

表 1-16　销售订单登记表

订单号	XXX								
市 场	**本地**								
产 品	P1								
数 量	6								
账 期	2Q								
销售额									
成 本									
毛 利									

交货时填写

按企业运营流程逐步运行起始年后,结果如表 1-17 所示。

表 1-17　模拟企业运行流程结果示意表

新年度规划会议					按订单交货				
参加订货会/登记销售订单					产品研发投资				
制订新年度计划					支付行政管理费				
支付应付税					其他现金收支情况登记				
季初现金盘点					支付租金/购买厂房				
更新短贷/支付利息/获得新贷款					支付利息/更新长期贷款/申请长期贷款				
更新应付款/归还应付款					支付设备维护费				
原材料入库/更新原料订单					计提折旧				
下原料订单					新市场开拓/ISO 认证投资				
更新生产/完工入库					结账				
投资新生产线/变卖生产线/生产线转产					现金收入合计				
向其他企业购买原材料/出售原材料					现金支出合计				
开始下一批生产					期末现金对账				
更新应收款/应收款收现									
出售厂房									
向其他企业购买成品/出售成品									

填写商品核算统计表(见表 1-18)。

表 1-18　商品核算统计表

	P1	P2	P3	P4	合计
数量	6				6
销售额	32				32
成本	12				12
毛利	20				20

填写费用明细表(见表 1-19)。

表 1-19　费用明细表

项目	金额	备注
管理费	4M	
广告费	1M	
维护费	4M	
租金		
转产费		
市场准入		□区域　□国内　□亚洲　□国际
ISO 资格认证		□ISO 9000　　□ISO 14000
产品研发		P2(　)　P3(　)　P4(　)
其他		
合计	9M	

编制起始年财务报表(见表 1-20)。

表 1-20　起始年损益表与资产负债表

损益表				资产负债表						
		上年	本年	资　产		年初	本年	负债 + 权益		年初	本年

损益表 单位：百万元　　资产负债表 单位：百万元

损益表		上年	本年
销售收入	+	35	32
直接成本	-	12	12
毛利	=	23	20
综合费用	-	11	9
折旧前利润	=	12	11
折旧	-	4	4
支付利息前利润	=	8	7
财务收入/支出	+/-	4	4
额外收入/支出	+/-		
税前利润	=	4	3
所得税	-	1	1
净利润	=	3	2

资　产		年初	本年	负债 + 权益		年初	本年
现金	+	20	42	长期负债	+	40	40
应收款	+	15	0	短期负债	+	0	0
在制品	+	8	8	应付款	+	0	0
成品	+	6	6	应交税	+	1	1
原料	+	3	2	1 年到期的长贷	+		
流动资产合计	=	52	58	负债合计	=	41	41
固定资产				权　益			
土地和建筑	+	40	40	股东资本	+	50	50
机器与设备	+	13	9	利润留存	+	11	14
在建工程	+			年度净利	+	3	2
固定资产合计	=	53	49	所有者权益	=	64	66
总资产	=	105	107	负债 + 权益	=	105	107

1.6.2　企业经营沙盘模拟热身赛

　　热身赛是一个调动大家参与的热情与积极性、激发内在潜能与斗志的过程。在每一轮沙盘竞赛后，总会听到这样的声音：时间太短，才醒悟过来就结束了；假如再来一次，我会……这个快速的热身赛就是为后面的正式实战对抗做准备的。

　　注意，所用记录表格见附录 1，每个不同的角色要用与之相对应的表格。

1.6.3　热身赛小结

　　各企业简要总结热身赛的成败得失，目的是更好地应对下一步的实战对抗。

1.7　本篇小结

　　(1) 企业经营沙盘模拟是一种全新的体验式学习方法，由学生扮演企业中的不同角色，组成团队进行相互竞赛。

　　(2) 沙盘盘面的设计体现了企业的物流、资金流和信息流。

　　(3) 企业经营状况主要通过资产负债表、损益表和现金流量表来反映。

　　(4) 订单根据不同的市场区域和产品进行划分。

　　(5) 不同的生产线其生产能力是不同的。

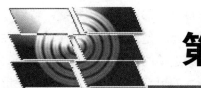

第2篇

规 划 篇

思路决定出路，格局决定结局。

企业为什么需要战略？根本原因是资源有限。

战略没有好坏，只有适合和不适合；适合自己的战略就是最好的战略。

本篇实训目标

➢ 理解企业战略的重要性，学会用战略的眼光思考问题。

➢ 掌握3种典型策略的特点与内涵，并结合本实训进行应用。

➢ 依据热身赛的表现情况，进行角色的重新定位和再确认。

➢ 明确企业的使命、愿景和战略选择。

➢ 制定实战对抗经营规划。

2.0 开篇语

也许你已经迫不及待地想动手操作了，且慢！在进行模拟企业经营实战对抗前，你和你的团队必须解决以下3个问题：一是彻底弄懂导入篇所讲的市场规则和企业运行规则，这是企业有效运行的基础；二是基于导入篇的规则和附录2中所提供的市场预测，制定企业的发展战略，明确企业的发展方向和目标，这是取胜的关键；三是人尽其才并严肃组织纪律，使企业能在CEO的统一指挥下，严格按照企业流程各司其职、协调运作，这是成功的保障。

2.0.1　关于运行规则

了解规则并用好规则，是模拟企业顺利有效经营的基础。运行规则并不是只要CEO掌握就行了，而是每个人都应该熟练掌握，特别是涉及自己所负责业务部分的规则。对于规则，要彻底弄懂，而不是想当然地似懂非懂。在实训过程中，我们发现关于市场老大的作用和地位与广告和选单的关系理解错误的最多；关于新生产线的折旧与维护费方面出错的也很多；以及贷款的更新与利息、新产品的上市与广告的顺序、不同产品的成本核算等。在本实训中，原材料的订货与采购比较简单，可是还有很多人出错，要么是不清楚订货与采购的关系；要么是订货采购得太早，以至于原材料积压在原材料库中迟迟不能使用，等等，不一而足。

关于竞争的胜负，不光要看当前的所有者权益，还要看企业的发展潜力。切记！

2.0.2　关于战略选择

企业经营犹如在波涛汹涌的大海中航行。航船要驶向希冀的彼岸，就离不开罗盘和舵柄。企业要在瞬息万变的竞争环境中生存和发展，也离不开企业战略的指引。用马云先生的话来说："小公司的发展战略就是活下来，挣钱！"因此，我们在制定发展战略时，一定要注意控制发展速度。此举并非是提倡企业墨守成规、停滞不前，而是要注意发展的速度应与企业权益和财务状况平衡发展才能相得益彰，这也是管理的精髓之一，即"适度"的问题。

一些实训团队在制定企业发展战略时，豪情万丈、气吞山河，大有扫平天下的感觉：一上来就拼命铺设全自动和柔性生产线，研发全系列产品，开发全部市场，融资用到了极限。结果是财务、研发、市场开拓等费用支出巨大，再加上生产线折旧等，公司权益下降迅速，致使权益为负或现金断流，不得不挥泪宣告破产。为此，各企业在制定战略时，一定不要脱离企业的实际，要懂得量力而行。当然，过于保守也不行。

由于资源有限，企业在一定时期里，只能做有限的事，因此，目标一定要明确，做到"有所为有所不为"。具体到实训中，就是要思索回答以下几个问题。

1. 想成为什么样的公司

我们想成为什么样的公司，如：规模，是大公司还是小公司；生产产品，是多品种还是少品种；市场开拓，是许多市场还是少量市场；是努力成为市场领导者还是追随者。例如，C 公司拟采取"全部市场+有限产品"的策略，所以，第一年只在本地市场投了2M 广告费，销售了部分 P1 产品。在随后的第二年，C 公司仍然只生产 P1 产品，并用较低的广告费用售出了一部分 P1 产品，C 公司第一时间开发了所有市场，却并没有开发新产品。正当人们认为其发展滞后时，C 公司在第三年年初跳过 P2、P3 产品，直接开发了 P4 产品，并开建一条 P1 产品的全自动生产线，保留一条 P1 产品的半自动生产线；在第三年 4Q 变卖了手工生产线，开始投资建设 4 条 P4 产品的全自动生产线。在第四年 2Q 与 P4 产品的研发同步完成，3Q 开始生产 P4 产品，从第四年开始，由于其独家生产 P4 产品，所以包揽了 P4 产品市场。第五年，由于有 4 条全自动生产线全力生产 P4 产品，所以 C 公司在本地、区域、国内和亚洲 4 个有 P4 产品需求的市场上，均以 3M 广告费实现了重复选单，C 公司 P4 产品席卷了各个市场，并进行了 P1 产品向国际市场的转移；由于 C 公司 P1 产品的储备及其保留的产能够多，所以在国际市场实现了 P1 产品的多次选单，抢占了国际市场的老大地位。第六年发展更是锦上添花，国际市场 P1 的利润率很高，其余各市场 P4 的利润率也很可观，C 公司的权益大幅攀升。最终，C 公司用 3 年的时间实现了大逆转，赢得了竞赛。

2. 倾向何种产品和市场

在资源有限的约束条件下，放弃比不计代价地掠取更明智。我们不可能全面开花、面面俱到，因此要选取重点市场和重点产品。例如，A 公司第一年在本地市场投放了 8M 广告费，夺得了市场老大的地位，早早地确立了自己的"主战场"；由于本地市场是综合需求量最大的一个市场，于是，A 公司在随后的发展过程中，变卖了手工生产线，在大厂房里新置了 5 条全自动生产线，开发了 P2、P3 产品，跳过区域市场，又开发了国内和亚洲市场，实现了产能与市场之间的平衡，持续稳健地发展；在企业融资和广告费用等方面节约了大量成本，健康发展到第六年，最终取得了第一的成绩。

又如，F 公司第一年以 5M 的平均广告费投入获得了平均销量；第二年研发了 P2 产品，投资了 2 条 P2 全自动生产线，并开发了全部市场；第三年开发了 P3 产品，变卖了 2 条手工生产线，新建了 2 条 P3 全自动生产线；第四年开始大规模销售 P2、P3 产品，并取得了亚洲市场的老大地位，然而此时由于各公司均大量生产 P2、P3 产品而趋于饱和，广告费竞争也非常激烈，于是，F 公司在这一年决定开辟新的蓝海——研发 P4 产品；第五年，F 公司开始低成本销售 P4 产品，同时放弃一些利润率低的产品市场。六年经营结束，F 公司凭借这种始终灵活转变的策略，最终赢得了竞赛的胜利。

放弃也是一种美，有时放弃比占有更重要。"打完'江山'后，自然会想到'保江山'"，但要注意的是，我们要保有价值的"江山"。对于竞争激烈、利润空间小的市场要敢于放弃，依据自己的产品组合和竞争状况寻找新的市场，不断地"丢芝麻，捡西瓜"。

3. 计划怎样拓展生产设施和生产能力

生产线是产品加工的载体。本沙盘有手工、半自动、全自动和柔性 4 种生产线。不同的生产线，其购置价格、生产效率、折旧费用及转产的灵活性都各不相同，因此，生产总监应会同财务总监、营销总监及 CEO 依据本公司的发展经营战略和财务状况选择恰当的时机投资恰当的生产线。具体来说，就是为了有效扩大生产能力，我们将需要思考并回答：购置什么样的生产线、什么时候购买和购买多少？为此，需要考虑以下几方面因素。

(1) 生产线的安装周期。如果计划在第二年 1Q 生产 P3 产品，则应在第一年 1Q 开始投资建设柔性生产线；或者在第一年 2Q 开始投资建设全自动生产线。

(2) 产品研发周期。例如，P3、P4 产品研发周期需要 6Q，因此，为避免生产线闲置，可将该 P3 产品全自动生产线调整在第一年 4Q 开始投资；第二年 2Q，生产线安装和产品研发同时完成，3Q 开始生产。

(3) 生产线的折旧。生产线的折旧影响公司的权益，而权益又决定了公司融资规模的大小和是否破产等。因此，生产线的折旧直接影响公司的财务状况。由于当年建成的生产线，当年不提折旧，所以应考虑生产线的建成时机，尽量增加新生产线建成当年的使用时间，特别是在财务状况紧张的时候。

(4) 生产线的种类组合需要考虑产品研发的种类及市场开拓的情况。一般来讲，如果采取积极扩张的战略，则倾向于全自动和柔性的生产线；如果采取稳健发展的策略，则可考虑半自动和全自动生产线，并控制生产线的数量。

在实际操作中，柔性生产线是一把"双刃剑"，它的优点在于可以灵活快速地调整企业的产品生产组合，方便营销总监接取订单。然而，缺点亦在其中，首先，其投资成本较高，折旧费用较大；其次，柔性生产线的存在对于原材料的采购、生产的组织等产生了一定的影响。因此，生产线组合及安装的前提是，制定合理、详细的企业发展战略，在此框架指导下，做好企业的现金预算分析，才能保证生产线选择的合理性。

生产总监要与 CEO、营销总监确定当年销售的产品重点，并在营销总监投放广告前做出生产安排计划，向营销总监告知本年企业可能生产的产品种类及数量。营销总监拿到当年销售订单后，结合订单和企业资金情况重新修正并确定当年的生产计划、生产线投资计划等，如表 2-1 所示。

表 2-1　产品生产及设备投资计划表

生产线		第一年				第二年				第三年			
		一季度	二季度	三季度	四季度	一季度	二季度	三季度	四季度	一季度	二季度	三季度	四季度
手工线	产品生产					→P1			P1			P2	
	设备投资	5											
半自动线	产品生产					→P1		→P1		P1		P1	
	设备投资	5	5										
全自动线	产品生产						→P2	→P2	P2	P2	P2	P2	P2
	设备投资		5	5	5								
柔性线	产品生产						→P2	→P2	P2	P1	P1	P2	P2
	设备投资	5	5	5	5								
合计	完工产品					2P1	2P2	1P1+2P2	1P1+2P2	2P1+1P2	P1+P2	1P1+3P2	2P2
	设备投资	15	15	10	10								

不同生产线的产能计算如下。

当年某产品可接订单量 = 期初库存 + 本年产量

表 2-2 所示为不同生产线的产能计算表。

表 2-2　不同生产线的产能计算表

生产线类型	年初在制品状态	各季度完成的生产				年生产能力
		1	2	3	4	
手工线 4 种状态	○　○　○	□	□	□	■	1
	●　○　○	□	□	■	□	1
	○　●　○	□	■	□	□	1
	○　○　●	■	□	□	□	2
半自动线 3 种状态	○　○	□	□	□	□	1
	●　○	□	□	■	□	2
	○　●	■	□	■	□	2
柔性/全自动生产线 2 种状态	○	□	■	■	■	3
	●	■	■	■	■	4

　　注："●"表示在线产品的位置，即在制品处于生产线生产周期的位置；"○"表示生产线上年初的在制品已经经过或尚未经过的生产过程；"■"表示生产线有完工产品的时期；"□"表示生产线无完工产品的时期。

　　尽量将生产线折旧与其能给企业带来的利润相匹配，生产线应在有限的使用期内发挥其最大的效能。由于生产线建成当年不计提折旧，第二年才进行计提折旧，所以生产线的建设在与产品研发配套的基础上，应尽量使建成当年产生最大的价值，即尽量获得高额的投资回报，这样可以最大限度地增加企业建设生产线当年的收益，以缓解生产线投资为企业带来的资金压力。

4. 计划采用怎样的融资策略

　　现金流是企业生存的"命脉"，企业失去现金流将意味着倒闭破产。融资的方式有长期贷款、短期贷款、应收款贴现、出售厂房和设备、拆借等，以及高利贷，但高利贷方式应尽量避免使用。每种融资方式的特点和适用性都有所不同，企业要根据发展规划，做好融资计划，以保证正常运转，切不可因小利而影响整个规划的实施。

　　值得注意的是，融资手段不应过于单一，而应是多种融资手段的最佳组合。如何巧妙地处理各种融资手段之间的关系，以最低的成本获取最合适的融资是财务总监的重要职责。例如，长短期贷款是公司的主要融资手段。长期贷款的费用成本高于短期贷款，但还款压力较小；短期贷款的利息成本较低，但还款压力较大，尤其是在前期，公司的权益可能下降较大，影响公司的贷款能力。因此，需要对企业的经营战略、运营状况做一个长期、细致的分析，才能正确把握贷款时机并合理调整长短贷之间的比例关系，在满足现金需求的情况下，使总的费用成本降到最低。

　　资金贴现是企业为缓解暂时性资金紧张而采取的融资方式，其前提是要有应收款。在实际操作中，应注意贴现的比例，一般来讲，应首先考虑贴现账期较长的应收款。

高利贷是手工沙盘中费用成本最高的一种融资方式，对公司的权益损失较大，会使公司财务状况进一步恶化，因此，一般不提倡使用。企业要尽量考虑其他的融资方式和途径，只有在迫不得已的情况下，才考虑高利贷融资方式。

在开始实际操作前，每个管理团队都应对上述问题进行深入探讨并达成共识。每一年经营下来，需要反思我们的行为，聆听指导教师根据现场数据所做的点评，分析实际与计划的偏差及其原因，并对战略做出必要的修正。

2.0.3 关于战略规划

为了使企业走向成功，经营者必须从实际出发，在认真分析内外部环境因素的基础上，通过周密的思考，制定出一个实现战略目标的行动方案，这就是战略规划。如果没有战略规划这张"导航图"，企业之"舟"就不能或很难到达成功的彼岸。

有人说，计划没有变化快，走一步算一步，这是盲目主义的撞大运思想。固然，没有战略规划不能说一定就不能成功，然而成功的机率却非常小；有战略规划虽不能保证企业必然成功，但却能大大提高企业的成功机会。由于经营者的经营思路、经营方式，以及企业所涉及的领域不同，战略规划本身也表现出各自的独特性。

作为名词，战略规划是由企业经营者准备的一份书面计划，用以描述与所在企业相关的外部和内部的要素，以及企业所要达到的目标和实现目标的方法与途径等。作为动词，战略规划是一个决策过程，是指经营者在充分分析内外部环境因素的基础上，特别是对企业所拥有或能使用的人力资源、市场资源、技术资源、资金资源、原材料资源、信息资源等关键资源充分挖掘的情况下，制定出未来的发展目标、战略和策略的全过程。

一个规范性的、全面的战略规划至少应包括的基本方面的内容有：①确立企业的目标、经营模式及产品服务市场等；②企业的组织规划，包括岗位设置及相互之间的关系、职责界定、考核方案等；③财务规划，包括融资规模、融资结构、财务预算、成本控制等。本篇即为制定有效的战略规划所准备。

2.1 三种典型策略介绍

俗话说："凡事预则立，不预则废。""未曾画竹，而已成竹在胸！"同样，在企业经营沙盘模拟实战对抗前，也要有一整套策略成型于心，方能使你的团队临危不乱、镇定自若，在变幻莫测的比赛中笑到最后。下面，介绍 3 种典型的整体策略和 3 个实训或大赛中的实际例子，供读者启发思路。

2.1.1 力压群雄——霸王策略

策略介绍：

➤ 霸王策略指在一开始即大举贷款，所筹到的大量资金用于扩大产能，保证产能第一，以高广告投入策略夺取本地市场老大，并随着产品开发的节奏，实现由 P1 向 P2、P3 等主流产品的过渡。在竞争中，始终保持主流产品和综合销售额第一，后期用高广告投入策略争取主导产品最高价市场的老大地位，使权益最高，令对手望尘莫及，赢得比赛。

运作要点：

➤ 运作好霸王策略的关键有两点：一是资本运作，有效使用长短期融资手段，使自己有充足的资金用于扩大产能和维持高额的广告费用，并能抵御强大的还款压力，使资金运转正常，因此，此策略对财务总监要求很高；二是精确地预测产能和生产成本，有效地预估市场产品需求和订单结构，如何安排产能扩大的节奏、实现"零库存"、进行产品组合与市场开发，这些将决定最终的成败。

评述：

➤ 采取霸王策略的团队，需要有相当的魄力，真的像当年的霸王项羽那样，敢于气吞山河、破釜沉舟，谨小慎微者不宜采用。此策略的隐患在于，如果资金或广告在某一环节出现失误，则会使自己陷入十分艰难的处境，过大的还款压力和贷款费用，可能将自己逼上破产的境地，就像霸王乌江自刎那样。因此，霸王策略的风险很高，属于高投入、高产出，但高投入并不一定会高产出。

2.1.2 忍辱负重——越王策略

策略介绍：

➤ 越王策略也可称为迂回策略。采取此策略者通常是有很大的产能潜力，但由于前期广告运作失误，导致订单过少，销售额过低，产品大量积压，权益大幅下降，处于劣势。因此，在第二、第三年只能维持生计，延缓产品开发计划，或者只进行 P2 产品的开发，积攒力量，度过危险期。在第四年时，突然推出 P3 或 P4 产品，并配以精确广告策略，出其不意地攻占对手的薄弱市场，在对手忙于应付时，把 P3 或 P4 的最高价市场把持在手，并抓住不放，不给对手机会，最终赢得胜利。

运作要点:

➢ 越王策略制胜的关键在于后期广告运作和现金测算上。因为要采取精确的广告策略,所以一定要仔细分析对手的情况,找到他们在市场中的薄弱环节,以最小的代价夺得市场,减少成本。由于要出奇兵(P3 或 P4 产品),但这些产品对现金要求很高,所以现金预测必须准确,如果到时现金断流,完不成订单,那么将前功尽弃。

评述:

➢ 越王策略,不是一种主动的策略,多半是在不利的情况下采取的,所以团队成员要有很强的忍耐力与决断力,不为眼前一时的困境所压倒,并学会"好钢用在刀刃上",节约开支、降低成本,先图生存,再图胜出。

2.1.3　见风使舵——渔翁策略

策略介绍:

➢ 渔翁策略是典型的跟随策略。当市场上有两大实力相当的企业争夺第一时,渔翁策略就派上用场了。其在产能上要努力跟随前两者的开发节奏,同时在内部努力降低成本,在每次新市场开辟时均采用低广告策略,规避风险,稳健经营,在前两者两败俱伤时立即占领市场。

运作要点:

➢ 渔翁策略的关键点有两个:第一在于一个"稳"字,即经营过程中一切按部就班,广告投入、产能扩大都是循序渐进,逐步实现的,真正做到稳扎稳打;第二,要利用好时机,因为时机是稍纵即逝的,对对手一定要仔细分析。

评述:

➢ 渔翁策略在比赛中是常见的,但要成功一定要做好充分准备,只有这样,才能在机会来临时,一下抓住,从而使对手无法超越。

【个案介绍 1】产能领先制胜法

想产能领先别人,就要扩大生产能力,投资新的生产线。为缩短生产周期就会变卖原有的手工生产线,转而投资全自动或柔性生产线。

B 公司在第一年将 3 条手工生产线上的 P1 产品完工入库后陆续变卖,在大厂房内新投资建设了 4 条全自动生产线,而其他各公司则在第一年的生产线投资上显得有些保守。因此,B 公司在第二年便建立了产能优势,并利用产能抢市场,即投少的广告费接别人因产能不足不敢接的大单，再建新的生产线，如此形成了良性循环。第三年，在大厂房又建立一条全自动生产线，并租下小厂房投建了 4 条全自动生产线。到第四年，形成了 1 条半自动和 9 条全自动的产能格局。最终，依靠产能优势取得了胜利。

【个案介绍 2】保权益胜出法

E 公司在前两年默默无闻，只投了少量的广告费用以销售必要的 P1 产品，没有发展的迹象，但维持了很高的权益。就在人们感叹其发展前景时，E 公司却在第三年，当别的公司出现权益严重下降、融资困难、陷入发展瓶颈时，利用自己的权益优势获得了大量的短期融资，开发了 P2、P3、P4 产品，变卖了原有的生产线并投资建成了 6 条全自动生产线。在第四年，别的企业步履维艰时，一举收复失地。第五年更是锦上添花，利用产品组合优势，扩大产能，直至第六年胜出。

【个案介绍 3】柔性调节胜出法

柔性生产线由于其投资费用、折旧费用高而不被"行家"所看好。但 D 公司一上来就斥巨资投建了 4 条柔性生产线，并把这 4 条柔性生产线打造成自己的核心竞争力。其灵活调节生产、灵活广告投放和接单，使自己在各方面有了更多的余地，既迷惑了对手，也节省了广告费，即用非常少的广告费用接到了非常合适的订单，因为有些大单对手不敢接，生产不出来，从而最终赢得了比赛。但此法对生产的组织要求较高，极易出现原材料短缺或积压的情况。

"条条大路通罗马"。我们要用开阔的视野审视战略、创新的头脑制定战略、严谨的态度执行战略，最后的成功自然水到渠成。

2.2　上任后的首要问题

请认真思索并记录以下问题。

2.2.1　角色确认并宣誓就职

1. 确认我的角色

我的角色是：_____

2. 我的就职宣言

_____

_____

_____

_____

_____

_____

2.2.2 我们的使命与愿景

1. 我们的使命

_____

_____

_____

_____

_____

2. 我们的愿景

_____

_____

_____

_____

_____

2.2.3 阅读文章：企业的愿景与使命

企业的存在是为了在宏观经济环境中实现某种特殊的社会目的或满足某种特殊的社会需要。每个企业从其建立开始，就应该承担相应的责任并履行相应的使命。企业战略制定的第一步就是确定企业愿景和使命：一方面，企业愿景与使命的定位是在对企业内、外部环境分析的基础上完成的；另一方面，企业愿景与使命的定位也为企业内、外部环境分析界定了范围。

1. 企业愿景的概述

1) 企业愿景的含义

企业愿景是指企业所描述的关于未来成就的理想化定位和生动性蓝图。它是一个梦想，可以通过长期的努力最终变成现实；它是一种信念，可以强化和改善人们对企业的承诺和责任感；它是一种期待，可以促使员工去获得一个值得努力付出的满意性结果。

企业愿景可以被视为进行企业战略设计时最为基本的概念，是开展战略管理活动的逻辑起点。在理解企业愿景这一概念时，要注意以下几点：一是以企业自身的发展方向为出发点；二是个人愿景与企业愿景的统一。

2) 企业愿景的特性

企业愿景具有以下特性。

(1) 激励性。企业愿景是组织对未来的一种甜蜜的梦想。

(2) 挑战性。企业愿景是组织对未来状态渴望的一种心智图像。

(3) 引导性。企业战略的制定、企业战略目标体系的分解、企业经营业务的确定都始终不离开企业愿景所指引的努力方向。

例如，美国运通的愿景是成为全球最受人尊敬的服务品牌；通用汽车的愿景是成为客户满意的行业领先者；中国移动的愿景是成为卓越品质的创造者。

2. 企业使命的概述

1) 企业使命的含义

企业使命是指企业生产经营的总方向、总目的、总特征和总体指导思想。它反映了企业的价值观和企业力求为自己树立的形象；揭示了本企业与其他企业在目标上的差异；界定了企业的主要产品和服务范围，以及企业试图去满足的顾客需求。

一般来说，绝大多数企业的使命是高度概括和抽象的，企业使命不是企业经营活动具体结果的表述，而是为企业开展各项活动提供一种方向、原则和哲学。

过于明确的企业使命会限制企业功能和战略目标在制定过程中的创造性；宽泛的企业使命会给企业管理者留有战略调整的余地，从而使企业在适应内、外部环境变化中有更大的弹性。狭隘的描述以产品为导向；正确的描述应以市场为导向，着眼于满足市场的某种需求。

例如，高新技术产业领域的公司定义其使命，以产品为导向时，定义为"生产计算机"；以市场为导向时，则定义为"向顾客提供最先进的办公设备，满足顾客提高办公效率的需要"。

分析：前一表述清楚地确定了企业的基本业务领域，即公司生存的目的，但同时也限制了企业的活动范围，甚至可能剥夺了企业的发展机会。因为任何产品和技术都存在一定的市场生命周期，都会随着时间的推移而进入衰退阶段，而市场需求却是持久的。

后一表述相对比较模糊，但为企业经营行动指明了方向，不会在未来计算机惨遭淘汰时失去方向和经营领域的连续性。

在《营销近视》一文中，西奥多•莱维特提出了下述观点：企业的市场定位比企业的产品定位更为重要。企业经营必须看成是一个顾客满足过程，而不是一个产品生产过程，因为产品是短暂的，而基本需要和顾客群则是永恒的。马车公司在汽车问世后不久就会被淘汰，但是同样一个公司，如果它明确规定公司的使命是提供交通工具，那么它就会从马车生产转入汽车生产。

2) 企业使命定位的内容

尽管企业使命的定义在长短、内容、格式等方面，可以随着企业内外部环境要素的变化而有所不同，并且就企业的特定环境而言，理论上也不存在唯一最佳的使命定义，但是，通过对企业使命实际表述实例的分析，还是可以找到一些企业使命表述最基本的要素。这些基本要素往往为绝大多数企业所共同关注，并在使命表述中给予高度重视。

企业使命的定位主要包括以下3个方面的内容。

(1) 企业生存目的定位。

管理学大师彼得·德鲁克认为，企业存在的主要目的是创造顾客。只有顾客才能赋予企业存在的意义，顾客是企业生存的基础和理由。因此，决定企业经营什么的应该是顾客，顾客愿意购买产品或服务才能使资源变为财富，将物变成产品。

根据这一原理，在确定企业生存目的时，就要说明企业应该满足顾客的哪些需求，而不是说明企业要生产哪种产品。例如，美国电话电报公司(AT&T)将公司使命定义为"提供沟通工具和服务"而不是"生产电话"；开利公司(Carrie)的企业目的是"为创造舒适的家庭环境"而不是"生产空调器"；哥伦比亚电影公司(Columbia Pictures)则是"旨在提供娱乐活动"而不是"经营电影业"。

以满足顾客需要作为企业生存的基础，还会促使企业不断开发新技术和新产品，使企业在创新中不断得到发展。

(2) 企业经营哲学定位。

企业经营哲学是对企业经营活动本质认识的高度概括，是包括企业的基础价值观、一致认可的行为准则及共同信仰等在内的管理哲学。

它主要通过企业对外部环境和内部环境的态度来体现，对外包括企业在处理与顾客、社区、政府等关系时的指导思想；对内包括企业在处理与员工、股东、债权人等关系时的基本观念。例如，IBM公司的经营哲学有以下3个：一是尊重每一个人；二是为顾客提供尽可能好的服务；三是寻求最优秀、最出色的成绩。对IBM公司的发展历史有所了解的人都一致认为，IBM这些经营哲学所起的作用，远远大于技术发明、市场营销技巧、财务管理能力等因素的影响。

一般地，企业的经营哲学由于受文化的影响具有较大的共性；而同时，不同国家的企业在管理理念上会表现出明显的差别。

(3) 企业形象定位。

企业形象是企业，以及产品服务、经济效益和社会效益给社会公众和企业员工所留下的印象，或者说是社会公众和员工对企业的整体看法和评价。良好的企业形象意味着企业在社会公众心目中留下了长期的信誉，是吸引现在和将来顾客的重要因素。

因此，企业在设计自己的使命和指导方针时，应把社会信誉和形象置于首位。在塑造企业形象时，由于行业不同，影响企业形象的主要因素也不同，因此要特别注意根据企业所处的行业特征来开展形象工程。例如，在食品业，良好的企业形象在于"清洁卫生、安全、有信任感"；在精密仪器业，顾客可能对"可靠性、精密度、时代感、新产品开发研究能力、企业发展前景"等方面的形象比较关注。

3) 企业使命与战略的关系

企业在制定其战略时，必须在分析研究企业及其环境的基础上进一步明确自己的使命。这不仅因为它关系着企业能否生存和发展，而且在整个企业战略的制定、实施和控制过程中有着重要作用。

(1) 企业使命为企业发展指明方向。

(2) 企业使命是企业战略制定的前提。

(3) 企业使命是企业战略的行动基础。

3. 企业愿景与企业使命的关系

从广义上分析，企业愿景和企业使命可以认为是具有相同的内涵，即两者是等同的，因此，现实中经常被混用。但是，从狭义上分析，企业愿景侧重于从企业自身的角度来描绘组织未来的形象定位；而企业使命则更侧重于从市场消费者的角度来阐述企业战略性定位，是指企业区别于其他类型组织而存在的原因或目的，是企业在经济社会中所应担当的角色和责任。例如，世界金融集团(World Financial Group，WFG)的愿景是引领金融革命，使命是为家庭创造财富。

2.3　运筹帷幄：我们的发展战略构想

(初步制定公司经营战略，CEO 主持)

在市场经济环境下，越来越多的企业意识到：企业经营犹如在波涛汹涌的大海中航行，虽有风平浪静，更有惊涛骇浪。我们知道，航船要驶向希冀的彼岸，就离不开罗盘和舵柄，而企业要在瞬息万变的环境中生存和发展，就离不开企业战略。

2.3.1　战略需要回答的问题

企业战略就是描述一个企业如何实现自己的目标和使命。为此，企业要清楚目前的状况(在哪里)，明确未来的目标(到哪里去)，选择从现在到未来的路径及实现方法和措施(怎样去)，如图 2-1 所示。战略要回答的问题就是到哪里去及怎样去。

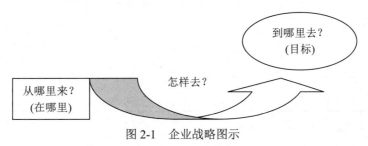

图 2-1　企业战略图示

大多数企业为实现自己的目标和使命，可以有若干种选择，战略就与决定选用何种方案有关。战略包括对实现企业目标和使命的各种方案的拟订和评价，以及最终选定将要实行的方案。企业需要战略的根本原因是资源有限。在一定时期内，企业只能做有限的事，因此目标一定要明确。一个完整的企业战略应包括以下几个方面的内容。

(1) 外部环境和内部条件分析。即找出外部的机遇与威胁，明确内部的优势与劣势。

(2) 战略目标。战略目标就是要回答：企业在一个较长的时间里要完成什么？这个目标要体现时间限制，可计量，具有总领性和现实可行性。

(3) 经营方向。经营方向指明了企业现在可以提供的产品和服务，以及未来一定时期内决定进入或退出的产品市场和服务领域。它为企业活动确定了界限。

(4) 经营策略。经营策略规定了企业如何利用自身资源开展业务活动以求实现战略目标，包括营销、生产、研发、财务、人力资源等各方面的工作方针及相互关系的协调方法。

(5) 实施步骤。实施步骤规定了一个战略目标需要分为几个阶段来实现，以及每个阶段所要达到的阶段目标。

训练：

"知己知彼方能百战百胜"。知己调查，本企业基本情况调研如表 2-3 所示，本企业财务关键数据记录如表 2-4 所示。

表 2-3　企业基本情况调研

企业名称			注：已创建　　　年
所属行业			
目前产品		未来的产品	
目前市场		未来的市场	
主要客户		客户满意度	
主要供应商		原料是否紧缺	
生产设施及 运行状况		未来的设备 投资方向	
股东期望	1. 2. 3.		

表 2-4 企业财务关键数据记录

销售收入（ ）	直接成本( )		固定资产 ( )	长期负债 ( )
	综合费用( )			短期负债 ( )
	折旧( )		流动资产 ( )	
	利息( )			股东权益 ( )
	税金( )			
	利润( )		其他 ( )	

2.3.2 我们的战略构想(CEO 带领管理团队共同决定)

以下的目前状态以手工沙盘为例，电子沙盘有所不同。

(1) 我们想成为什么样的公司？企业的经营目标和宗旨是什么？(文字描述及具体数字，如销售收入目标、利润目标等)

(2) 我们倾向于何种产品、何种市场？准备何时实现？请填入如表 2-5 所示的市场开发计划表中。

表 2-5 市场开发计划表

	本地	区域	国内	亚洲	国际
P1	现在的位置				
P2					
P3					
P4					

(3) 我们想发展到多大的产能？建什么样的生产线？准备何时实现？请填入如表 2-6 所示的生产能力计划表中。

表 2-6 生产能力计划表

	目前	第一年	第二年	第三年	第四年	第五年	第六年
手工线	3						
半自动	1						
全自动							
柔性线							

(4) 我们想什么时候融资、融什么资、融多少资？请填入如表 2-7 所示的企业融资计划表中。

表 2-7　企业融资计划表

	目前	第一年	第二年	第三年	第四年	第五年	第六年
长期	40M						
短期							

注意:

➤ 高利贷是不得已的选择,原则上不建议采用。应收款贴现要根据实际财务状况和应收款情况而定,很难预先设定。

2.3.3　阅读文章:全面认识战略和战略决策

如何正确看待战略与战略决策?请看 —— 全面认识战略和战略决策。

最近看到一些关于战略的文章,很受启发,如刘春雄的《还战略一个真实的面目》一文,很多论述和引用都很精彩,如"所有人都在选择,不做选择也是选择""企业因为战略而成功,并非因为成功才需要战略""战略不是那些'资源无限'企业的专利,中小企业也需要战略""没有战略也是一种战略,只不过那是一种随遇而安的战略"等。

文章关于企业家式战略的论述也很充分、生动。的确,"在企业的初期状态,目标是一个暗藏的朦胧的意识。因为企业还很弱小,对瞬息万变的市场还缺乏把握。无论你具有怎样的信心,目标对于初创的企业至多是一个远大抱负因而无法量化与明确。一切都是在日后的发展中日渐明朗"(引自《联想为什么》)。这就是中小企业的情况,没有充足的可调配资源,没有对复杂的战略模型深刻理解的人,花不起巨额的战略调研费用和专家费用,每天忙于生存问题而不是长期战略所着力解决的长存问题。对这些企业来说,它们除了抓住机会、放大机会,没有过多的选择。因此,在此期间的战略决策多为凭经验感觉的机会决策,也就是该文中所称的企业家式战略。

也许是文章论述得太精彩,举例也很充分,看后容易使人对文章所称的经院式战略产生抵触,对企业家式战略产生无限向往,也给那些本来就对经院式模式不甚了解、喜欢一人决策、习惯拍脑袋决策的人以口实。固然,我们反对一些专家学者和顾问故弄玄虚,把战略神秘化及故意复杂化、晦涩化;但我们不能否认经院式模式的重要性和积极意义,以及对企业健康持续发展的重要作用。

斯剑在《企业,命系挥手间》一文中写道:当一个企业的决策者对自己企业的运营说了不算时,这个企业是相当可怕的;当一个企业的决策者对自己企业的运营一个人说了算时,这个企业是相当危险的。决策应该是一个严谨而复杂的过程,但当权力一旦演变为某个人的权威,决策就会成为一场灾难的开幕式,真是一语中的。

有资料表明,美国平均每年要注册50万家企业,可只有不到千分之一的企业能上升到中型企业,或者称之为稳定企业。1000家企业里有999家都是在这个水平线上退下来的,其中 95%的企业在 3 年之内必定破产，其余的企业就永远停留在小老板的行列中。2005 年 7 月 1 日公布的中国首部民营企业发展报告"蓝皮书"称：20 年来，中国每年新诞生的企业接近 15 万家，而每年消亡的企业也有十几万家。60%的民营企业在 5 年内破产，85%的企业在 10 年内死亡，中国民营企业的平均寿命仅有 2.9 年。究其根源，战略决策失误、经营管理不善是重要原因。

的确，企业家式战略是此类企业所采用的主要战略决策方式，这是在特定环境和条件下的必然，是不得已而为之，而非有意如此，没有人会就此满足，只是形势所迫。我们必须承认这样的现实和接受需要成长的过程，但不应该放纵，甚至无原则鼓励这种行为，更不应该夸大这种做法的积极作用。事实上，这种情况下，失败的概率要远远大于成功的概率。因此，倡导科学的战略决策更显得具有积极意义。

科学的战略决策应是定性决策与定量决策的辩证统一、有机结合。企业家式战略更多的是侧重于定性分析，然后做出决策；而经院式战略更多的是注重于定量的研究，然后做出决策。其实，企业家式战略少不了定量的分析做支持，而经院式战略也少不了定性分析做指引。

定性分析决策是一种传统的决策方式，其更多依赖于经验感觉、归纳演绎、抽象概括、综合分析等对事物的发展趋势和方向做出判断，具有化繁为简、化难为易的特点。由于定性分析决策具有以下优点：直观性、通俗性强，无须经过复杂的考量和繁难的公式计算，决策时效快、成本低，便于抢占先机，有利于充分发挥管理者的主观能动性，随机应变，赢得主动权，所以其是成长初期企业的主要战略决策方式。但这种方式的缺点也非常明显，就是凭感觉，随意性强。正如《面目》一文中写到的，企业家式战略决策往往简单而直接，一句话就容易触发决策，因而，也就容易出现失误。这类决策有定性认知，但缺乏量的描述(虽然也会自觉不自觉地用到一些定量分析的东西，但是不充分、不系统)，容易产生误导，在传递过程中信息扭曲多，难以适应信息社会和数字化时代的高标准、严要求。

定量分析决策是随着20 世纪兴起的运筹学、数量经济学、系统论等现代数学和信息技术手段而发展起来的新型决策方式和方法，其更多依赖于数理统计分析等现代分析方法对事物的发展变化幅度做出量化的研究和判断，具有比较科学且可操作性强的特点，能够解决定性分析决策所不能解决的高难度复杂问题，容易传递。但定量分析决策也有明显的不足，就是不能脱离定性分析而独立存在，离开了对事物性质和本质的正确认识，再精细的管理方法也难以有效发挥作用，有时也会显得画蛇添足。

从分析手段和方法上来讲，当前战略决策面临的环境已经异常复杂，需要运用很多学科的知识，既不单纯是定性研究就能解决问题，也不单纯是定量研究就能解决问题，而是定性研究分析与定量研究分析的有机结合。同时，任何事物都是质和量的辩证统一，不仅需要有质的方面的描述，也需要有量的方面的描述。因此，对事物仅进行定性分析或定量研究都不足以反映事物的本来面目，都不可避免地带有形而上学的主观片面性。只有将定性分析与定量研究有机结合起来，才能正确地反映和表明事物的性质和特点，做出正确的战略决策。事实上，对事物的定性分析必然导致对事物的定量分析，定量分析的目的在于更精确地定性。定性分析与定量分析应该是统一的，相互补充的。定性分析是定量分析的基本前提，没有定性的定量是一种盲目的、毫无价值的定量；定量分析又使定性更加科学、准确，它可以促使定性分析得出广泛而深入的结论。

从考虑的因素上来讲，科学的战略决策要充分地考虑内外因条件。内因是事物的内部矛盾，外因是事物的外部矛盾。在事物的发展中，内因与外因同时存在，事物的发展是内因与外因共同作用的结果。内因是事物变化发展的根据，是事物发展的根本原因；外因是事物变化发展的条件，外因通过内因起作用。基于以上哲学的基本思想，正确的方法论是坚持内外因的有机结合，而不是割裂内外因，更不是把内外因对立起来。首先要重视内因的作用，其次也不能忽视外因的作用，有时外因在一定条件下起决定作用。

因此，归纳起来，科学的战略决策就是要主动地、有意识地运用定性分析和定量分析的手段研究外部环境的机会与挑战、内部自身的优势与劣势，然后放在一起分析，找出发展的机遇与可能的路径，做出符合自己利益和能力的选择。只是在企业初期，受条件限制，现代定量分析的方法和手段采用得少一些，甚至没有采用，而是主要用传统的定性方法做决策，但并不是没有定量的观察和研究。企业发展壮大了，条件允许了，现代定量分析的方法和手段用得充分一些了，但也还是在定性分析的指引下进行的。因此，不管怎么说，都应该努力学习和掌握科学决策的基本原理和方法，这才是精髓；而不是模型的大小、数据的复杂程度等，那只是手段。

结论：

(1) 战略决策贯彻始终。在企业拟成立的时候就已经在进行战略决策了。要成立某公司、成立的公司要干什么等，这都是战略决策。只是这时的战略决策，包括企业成立初期的战略选择可能是基于定性分析的成分更多，靠领导人经验的成分更多，定量分析不足。随着企业发展壮大，再单凭感觉的战略决策已经无法适应企业发展的需要，侧重于定量分析研究的战略决策日益重要，并且具备了可实行的基础和条件。

(2) 既不能把战略神秘化，也不能轻视战略或把战略随意化，两者都会误人子弟。要及早培养科学战略决策的思想，以及采用科学战略决策的原理和方法；不必片面追求大而全的现代手段，可以根据现实条件决定做复杂一些还是简单一些，但把定性分析与定量分析结合起来是应该的。

没有人会满足于停留在成功的偶然上，要由成功的偶然走向成功的必然，则追求不断提高的科学战略决策水平是必由之路。

(刘　平)

2.4 制定职能战略

(确定执行计划与执行细节，不够可另加附页)

计划是各项工作执行的依据。在实战对抗前及每年年初，CEO 都要带领管理团队，在企业战略的指导下，制订市场开发计划、销售计划、资金计划、设备与厂房投资计划、产品研发计划、生产计划及采购计划等。

2.4.1 制定市场竞争策略

责任人：营销总监(CMO)

市场是瞬息万变的，变化增加了竞争的对抗性和复杂性。谁赢得了市场，谁就赢得了竞争。

市场竞争策略与销售计划至少应说明：企业将生产什么产品，生产多少；通过什么渠道销售，计划在什么地区(市场)销售；各产品线、各市场的比例如何；是否考虑广告促销活动，以及如何打广告、如何进行促销等。正确制定竞争策略与销售计划的前提是收集必要的信息，并做出相关分析，包括产品市场信息、企业自身的产能、竞争对手的情况等。

一个好的销售计划一定是符合企业自身特点、适用于本企业发展现状的计划。脱离实际情况的、过于宏观的销售计划将会对实际的销售活动失去指导意义。一个好的销售计划将充分体现企业战略的意图，并能与财务总监、生产总监、技术总监等充分沟通。

目前，企业仅拥有本地市场，除本地市场之外，还有区域市场、国内市场、亚洲市场和国际市场有待开发。由于各市场的地理位置及地理区域不同，开发不同的市场所需的时间和资金投入也不同。在某一市场开发完成之前，企业没有进入该市场销售产品的权利。

模拟企业的盈利来源唯有销售产品以获得利润，因此，如何选择最有价值的销售订单对企业来讲意义非凡。销售订单的选取一般需考虑以下几方面因素：①企业的实际产能；②产品的销售价格；③应收账款的账期；④订单的约束条件(如加急单或需 ISO 认证资格等)。

在实际操作中，要求营销总监对各个市场拥有敏锐的洞察力和准确的判断力，做到左眼是"显微镜"盯企业，右眼是"放大镜"盯市场。既要专注于某个市场，又要全局统筹安排。例如，如何结合自己的产能状况、财务状况、市场地位、产品价格差异等因素，合理考虑各个市场的订单分布。具体方法如下。

(1) 依据产能接适量的订单，防止因产能不足而出现违约。

(2) 结合公司的财务状况，争取用最低的广告费用获取最大的销售额和利润，并保证现金及时回流。

(3) 正确分配产品在各个市场上的分布，保住或争取市场老大的地位。

(4) 尽量在利润率高的市场接单及接利润率高的单。

(5) 选择正确的广告投放方式。例如，在有明显优势(市场老大)或竞争较弱的市场，可采取遍地开花的策略，即在各个产品上均投少量的广告费，获取大量订单；对于竞争激烈的市场，则可采用集中的策略，即在有利可图的市场，广告费集中在某一个或两个产品上，确保有单可选，避免广告费的浪费。同时，应注意市场广告费的规模效益，争取在平等竞争中获取优势(单个产品广告费相同时，该市场总广告费多者优先选单)。

(6) 尽量充分掌握竞争对手的广告策略和订单信息，为己所有。选单时，不仅要关注自己，还要关注对手，在订单数量和订单的约束条件上"做文章"。

【个案思考】

A 公司第一年在本地市场的 P1 产品上投放了最多的广告费(19M)，却选择了销售额第二大的订单，因此错失了市场老大地位，这是一个很明显的失误。然而，在实训中类似的失误时有发生，我们应杜绝这种失误。本案例的关键不在这里，真正值得我们商讨的是以下问题。

(1) 用 19M 的广告费去博取市场老大的地位是否物有所值？风险是否太大？

(2) 如果夺下了市场老大还好，如果没有夺下呢？假如有企业打了 20M 广告呢？

(3) 如果第二多的广告只有 7M，你得的这个老大是否代价太大？

(4) 如果分出 10M，甚至 15M 去做产品开发和新市场开拓是否更有价值？

(5) 用多大的代价(打多少广告)去争本地市场老大比较合适？

实际上，用少的广告，靠产品组合、生产组织同样可以争得老大。请思考。

【个案分析】

B 公司拥有两条第三年第二期(2Q)可投资完成的 P2 全自动生产线。该公司在第三年年初的销售会议上接了 4 个 P2 产品的订单，结果到年底 P2 产品不够 4 个无法交单，导致违约。这是为什么呢？

因为这两条 P2 全自动生产线 2Q 才完成投资，3Q 方可上线生产，到 4Q 时，只能各生产 1 个 P2 产品(合计共 2 个)；而 4Q 再上线生产的 P2 产品要到第四年 1Q 方可下线，因此，B 公司第三年实际上只能生产出 2 个 P2，无法交上 4 个 P2 产品，导致订单违约。

【教训分享】

此案例来自 2008 年用友 ERP 沙盘大赛辽宁赛区决赛(本科组)，共有 9 组参赛。比赛进行到第三年，绝大多数组的产能都已具有相当的规模，市场对各公司越来越重要。此时，国内市场刚刚开放，尚无市场老大，各组都跃跃欲试，竞争相当激烈。C 公司在该市场中的每种产品上各投了 2M 广告费，该市场广告费合计是 8M。由于其他各组在 P2、P3 的广告费上最低投入是 3M，而 P2、P3 产品仅各有 6 张订单，因此，C 公司丧失了 P2、P3 产品的选单机会，4M 广告费等于白白浪费了。但 I 公司将 8M 广告费集中在 P2、P3 产品上各 4M，结果接取了总额 54M 的订单，收获颇丰。因此，在此种竞争状态下，适用于集中力量各个击破的策略，而不适于采用广种薄收的遍地开花策略。

提示：

➢ 每年的广告策略(基于企业产能和产品结构)将直接决定企业选取订单的机会。

2.4.2 制订新产品开发计划

责任人：技术总监

企业目前已经开发并可以生产销售 P1 产品。根据市场预测，另有技术含量更高的 P2、P3、P4 三种产品可以开发。不同技术含量的产品，需要投入的研发时间和研发费用也不同(见第 1 篇"1.3.2 企业运行规则表"一节)，当然销售价格也不同(见"附录 2 市场预测")。

技术总监应根据企业的战略规划，并结合现金流和市场对不同产品在不同年份的需求量，与营销总监、财务总监充分沟通后，确定企业开发什么产品，以及在什么时间开始开发。同时，根据"1.3.2 企业运行规则表"一节中所提供的数据，推算 P2、P3、P4 可能开始上线生产的最早时间，并及时通报生产总监，做好相应的生产准备。

2.4.3 制订生产计划

责任人：生产总监

生产总监应根据企业发展战略的整体要求，在与营销总监、技术总监、财务总监沟通的基础上，制订具体的生产计划和设备投资与改造计划，确定新设备用于生产何种产品、设备安装地点、所需资金来源、设备上线的具体时间、所需物料储备，以及生产什么、生产多少和何时生产等；同时，及时将生产计划通报给采购主管，以便合理安排采购计划。

生产计划包括主生产计划和物料需求计划。主生产计划要回答生产什么、生产多少和何时生产等；物料需求计划基于物料清单(用什么来生产)和库存记录(我们已经有什么)的基础上，回答还应该得到什么。

设备投资与改造计划也是生产计划的一部分，是提高产能、保障企业持续发展的有效策略之一。企业进行设备投资与改造时，需要考虑以下因素：①市场上对各种产品的需求状况；②企业目前的产能；③新产品的研发进程；④设备投资分析等。

2.4.4 制订年度采购计划

责任人：采购主管

采购的任务是适时、适量、适价。适时与生产计划和采购提前期相关；适量与生产计划和产品结构相关。原料采购涉及签订采购合同和按合同收料两个环节。签订采购合同时要注意采购提前量。因此，采购主管要与生产总监密切配合，根据生产计划的进度要求，确定采购什么、采购多少与何时采购，保证按时足量供应生产所需的原材料，要努力做到既不出现物料短缺，又不出现库存积压。

2.4.5　制定财务规划

责任人：财务总监(CFO)

成本费用的支付需要资金、各项投资需要资金、到期还债需要资金，如果没有一个准确详尽的资金预测，很快你就会焦头烂额、顾此失彼。因此，在对抗竞赛开始之前，要根据企业战略设想对未来三四年企业经营所需的现金流进行推演。如果推演不下去，就要对战略设想进行修正。它可以使你运筹帷幄，游刃有余。

财务总监在制定财务预算时，要与营销总监、生产总监、技术总监、采购主管认真沟通其资金需求计划。在考虑现金流问题时，既要保证企业发展战略实施所需要资金的充足供应，同时又不要使资金过多滞留，造成浪费。因此，财务总监要认真制订具体的融资计划和资金使用计划。

> **提示：**

> ➢ 一般而言，在企业经营的前两三年，所有者权益会大幅下降，影响企业的融资能力。一些企业就是在经营的第 3 年因现金断流或所有者权益为负而破产。

2.4.6　明晰组织架构及内部考核办法

责任人：人力资源总监(CHO)

人力资源总监(如设置)在 CEO 领导下，根据企业发展战略的需要，明晰企业组织架构，确定各岗位职责界定及相互之间的衔接关系，并执行对员工的绩效考核任务。为此，人力资源总监要清楚每个角色的职责与任务，设计岗位测评体系，并在与相关人员充分沟通的基础上，确定考核的指标与方法，并做好考核记录，提交 CEO 做最终决定。

2.4.7　阅读文章：跑马圈地、以快制胜的误区

理论上，连锁扩张复制前期的成功，跑马圈地奠定领导地位，形成规模效益；事实上，却出现了机构发展严重不平衡、单店指标下降、增产不增收的怪现象。究其根源，同质化极度扩张带来管理人员匮乏、空降部队文化融合困难；心态浮躁、规模过大造成管理思维、模式和手段跟不上、财务失控等问题，而差异化战略选择决定着未来的成败。

1. 以快制胜：适度最重要

为什么会出现这种事与愿违的情况呢？为什么前期的成功模式传递不下去呢？是前期的模式不可复制，还是可复制程度低？亦或复制过程中走了样，还是有其他因素？的确，是否有成熟、严谨、可复制的经营模式和盈利模式是这类扩张的基础。如果这种模式不成熟、依靠人的因素过大，那么扩张越快，倒闭得也越快。

然而，仅有这些是不够的。高速发展要有一个限度，要与我们能掌握的资源力量和调控能力相匹配。超过了一个极限，问题就都来了。过快的速度会"爆胎"，反而会慢，这就叫欲速则不达；然而过慢也不行，会贻误商机。因此快未必是制胜的根本法则，快要恰到好处才行，要与自身的资源和能力相适应，也可以略高一点，以增加挑战性，便于人的潜能的挖掘和发挥。

管理是一门掌握度的艺术和科学，适度是管理永恒的主题。以快制胜要适度，领先 10 步是先烈，领先 5 步是先驱，领先半步是成功。跑马圈地要适度，要量力而行，财务稳健最重要。速度、规模和效益是扩张需要综合考虑的 3 个要素。其中，效益是企业追求的根本，速度是企业发展的快慢，规模是企业的大小实力。但规模不一定都会产生效益，规模可能带来的是负担；不断开设新机构、新店面可能带来销售收入，但不一定创造效益，也可能带来的是财务的负担和流血不止的创伤。

2. 极度扩张：失控在眼前

有效的扩张可以造就一代枭雄，没有节制的扩张也可能是一场浩劫的开始。过快的扩张速度，正在使企业面临巨大的不确定性。将价格战作为唯一的竞争策略，将落入零利润和博弈陷阱。一旦经营现金流出现问题，失败的下场就随时可能出现。

究其根源，是极度扩张的必然结果。极度扩张带来以下问题。

(1) 管理人员数量跟不上发展的速度，出现拔苗助长的现象。

(2) 大量外招的中高级管理人员、空降部队，文化融合困难，出现文化混沌。

(3) 规模过大，管理思维、模式和手段跟不上，适应不了，出现管理失控。

(4) 浮躁的心态，影响脚踏实地的作风，管理粗放，单店利润下降，绩效水平低下。

(5) 财务失控。由于速度过快，扩张不是靠利润积累的支持，而是靠不断扩大的负债来支撑，财务失控在所难免。这样的扩张很容易出现现金流危机，稍有风吹草动，就会像多米诺骨牌一样引起连锁反应，老债主蜂拥而来讨债，又找不到新债主借钱，就只好关门大吉了。这不是个案，反映的是经营理念和经营作风的问题。

这就是跑马圈地的恶果。这种现象不仅出现在家电连锁企业中，也出现在诸如保险等新的朝阳行业里。例如，为了迎接和抵抗我国加入 WTO 后对外资企业全面开放的竞争，中资保险公司从 2002 年起在全国跑马圈地，大量开设分支机构，其结果是分支机构投入产出比大幅下降。许多快速扩张公司的投入产出效率在机构大幅增加后都出现下滑。

又如，某保险公司投入产出比大于 1 的分公司由 2003 年的 29 家降到今年仅余 5 家。中支公司的运营效率也急剧下降。尽管中支公司的总体数量在增加，但投入产出比大于 1 的中支数目和比重却都在大幅减少，从 2003 年的 90% 以上降到去年的 40%，今年更是降到不足 30%。这里面固然有整个行业调整转型影响的外因，但扩张过快，自身资源不足，又过于分散，管理能力跟不上是根本、是内因。某全国性寿险公司今年业绩出现较大下滑，快速扩张的后遗症已初步显现。

跑马圈地误导了很多人，也坑害了许多企业。跑马圈地的基本特征是谁先占了就是谁的。现实的商业战场中与当时的跑马圈地不同的是，不仅有进入成本，还有维持成本，更重要的是你不是唯一的所有者(Owner)。不仅有现有的竞争者与你对抗，而且随时会有其他新的竞争对手进来与你竞争。逆水行舟，不进则退。庞大的分支机构不仅没有成为继续前进的动力和利润的"发动机"，反而成了无底洞、"吸血鬼"，成为前进的绊脚石。

3. 战略选择：决定未来成败

美国的百思买(Best Buy)等国际零售巨头之所以能获得高于国内家电零售企业的利润率，主要是通过非价格竞争等营销手段实现的。这些情况，值得我国家电连锁企业深刻反思。其实，除了价格竞争外，还可使用强化供应链管理、增值服务体系、独特消费体验等差异化竞争手段。例如，大中电器在北京尝试家电连锁走向异业融合，即把电器卖场与家居卖场、百货商场融合经营，不失为一次有益的尝试，但还远远不够。

仔细分析起来，无论是从机构数量上，还是占比上，竞争远远还不应该到直接正面对抗这一步。以目前的机构数量和占比(不足20%)，如何布局才最科学、对大家最有利？是全国撒网，还是重点布局？是必须马上直面对局，还是差异化布局，形成各自的局部优势？是否已经到了必须在一、二级市场直接对决的时刻？如果还没有到，那么南京"美苏"(国美与苏宁)对决的意义又何在？

其实，被忽略的三、四级市场倒是广阔天地、大有可为的。有例为证：在今年许多分支机构费用严重超标的情况下，某保险公司在西部欠发达地区成立仅一年的内蒙古、宁夏分公司的费控率低于70%，而且已经大幅超额完成了个人标保任务，比一些大省机构做得还好。同时我们也注意到，像临沂、安庆、包头这样欠发达地方的中支可以进入中支 20 强，甚至比很多分公司做得好，也说明不是市场容量大小的问题。

发展应讲究策略，尤其是在机构布局与拓展上。如何让有限的资源发挥出最大的效用，是我们应该重点关注的问题，应有主次、先后、取舍，要有目的、有选择地建立几个根据地和粮仓；切不可一刀切，全面铺开、推进，战线过长的结果，就是顾此失彼。因此，不必都挤在一、二线城市，也不必担心三、四线城市没有市场，完全可以到中西部去发展，向三、四线城市延伸去淘金。一些家电制造厂家已经意识到了这一点。家电连锁企业如何开发三、四级市场是一个应该研究的问题，也是一个挑战。谁能在三、四级市场找到发展模式和盈利模式，谁将拥有未来发展的主动权。

——改编自：刘平. 极度扩张：理论与现实的悖论[J]. 经营管理者，2006(4): 54-55。

2.5　形成公司经营战略方案

(由 CEO 主持)

"战略没有好坏，只有适合不适合。适合自己的战略就是最好的战略。"

——题记

正确的战略引导企业走向成功，错误的战略引导企业走向毁灭。如何制定出适合自己的战略呢？正确的战略来自使用正确的战略制定方法论，这往往是许多企业所忽视的。许多企业重视战略，但不重视战略制定的过程和方法，使得公司战略很好看，却不符合公司的内外部环境情况，有如空中楼阁、水中捞月。

2.5.1　企业战略规划文本格式

本书给出了一个典型的企业战略规划的基本格式和一个创业计划大纲，供参考。

1. 一个典型的企业战略规划的基本格式

企业战略规划的基本格式有如下内容。

(1) 规划概要。

(2) 规划的步骤与逻辑。

(3) 上期战略规划的回顾与评价。

(4) 对外部形势变化的分析。

(5) 对内部因素的分析。

(6) 本期愿景目标与战略选择。

(7) 经营目标与核心经营策略。

(8) 关键任务与保障措施。

(9) 风险与应对。

(10) 附件。

2. 创业计划大纲(见表2-8)

表2-8　创业计划大纲

序号	规划格式	格式内容
1	导言	(1) 企业的名称和地址; (2) 企业的性质; (3) 负责人的姓名和地址; (4) 筹措资金陈述; (5) 机密陈述
2	计划执行概述	是整个战略规划的浓缩和精华
3	行业分析	(1) 产品的开发意图和市场前景; (2) 竞争者分析; (3) 市场划分; (4) 行业预测
4	生产计划	(1) 生产环境(厂房、机器和设备等); (2) 劳动力组合搭配; (3) 生产能力估计; (4) 原材料供应情况
5	营销计划	(1) 定价; (2) 分销; (3) 促销; (4) 产品市场预测; (5) 控制
6	组织计划	(1) 所有权的形式; (2) 合作伙伴的描述; (3) 管理团队的背景; (4) 组织成员的角色和责任
7	财务计划	(1) 损益预估表; (2) 现金流预测; (3) 资产负债预估表; (4) 盈亏平衡分析; (5) 资金的来源和运用
8	创业企业描述	(1) 产品; (2) 服务; (3) 企业的规模; (4) 办公设备和人员; (5) 创业者的背景
9	风险预测	(1) 企业弱点评价; (2) 新技术; (3) 应急计划
10	附件	(1) 市场调研表(包括原材料报价); (2) 相关法律法规; (3) 合同

2.5.2　本企业六年发展规划

CEO 带领团队成员在前述工作的基础上，制定本企业发展规划。不够可另加附页。

2.5.3　阅读文章：SWOT 分析方法简介

SWOT 分析是一种综合考虑企业内部条件和外部环境的各种因素，进行系统评价，从而选择最佳经营战略的方法。其中，S 指企业的优势(Strength)，W 指企业的劣势(Weakness)，O 指企业外部环境的机会(Opportunity)，T 指企业外部环境的威胁(Threat)。

1. SWOT 分析矩阵

从表现形式上来看，SWOT 分析矩阵如表 2-9 所示。

表 2-9　SWOT 分析矩阵

外部环境	内部环境	
	优势(S)，列出主要优势	劣势(W)，列出主要劣势
机会(O)，列出主要机会	(SO 战略/增长战略) 发挥优势利用机会	(WO 战略/转型战略) 利用机会弥补劣势
威胁(T)，列出主要威胁	(ST 战略/多样化战略) 利用优势避免威胁	(WT 战略/防御战略) 避免劣势应对威胁

具体运用方法和步骤如下。

(1) 进行企业外部环境分析，列出对于企业来说外部环境中存在的主要发展机会和威胁。主要机会与主要威胁一般各 3～5 项，多了反而偏离重点，失去了意义。

(2) 进行企业内部环境分析，列出企业目前所具有的主要优势和劣势。主要优势与主要劣势一般也是各 3～5 项。

(3) 绘制 SWOT 矩阵。

(4) 对 SO、WO、ST、WT 策略进行甄别和选择，确定企业目前应采取的战略和策略。

> SO 战略(优势—机会组合)

SO 战略就是依靠内部优势去抓住外部机会的战略。例如，一个资源雄厚的企业(具有内部优势)发现某一国际市场未饱和(存在外部机会)，那么它就应该采取 SO 战略去开拓这一市场。

> WO 战略(劣势—机会组合)

WO 战略就是利用外部机会来弥补企业内部劣势的战略。例如，当市场上对于某项业务需要快速增长的时候(外部机会)，企业自身却缺乏这一方面的资源(内部劣势)，企业就应该抓紧时机采取扭转型战略，购买相关设备、技术，雇用技术人员，或者购并一个相关企业，以抓住这个机会。

> ### ST 战略(优势—威胁组合)

ST 战略就是利用企业的优势去避免或减轻外部威胁的打击。例如，一个企业的销售渠道很多(内在优势)，但是由于种种限制又不允许它经营其他商品(外在威胁)，那么企业就应该采取多样化战略，在产品的多样化及其他方面多下一点功夫。

> ### WT 战略(劣势—威胁组合)

WT 战略就是减少内部弱点同时避免外部威胁的战略。企业应尽量避免处于这种状态。然而，一旦企业处于这样的位置，在制定战略时就要减小威胁和弱点对企业的营销。例如，一个资金紧缺(内在劣势)，而市场对其产品的认知度又不高(外在威胁)的企业就应该采取防御战略，放弃或收缩该产品。

2. SWOT 分析矩阵应用实例：Chrysler 的 SWOT 分析

表 2-10 所示为一个 SWOT 分析矩阵的应用实例，即美国克莱斯勒汽车公司(Chrysler)的 SWOT 分析。

表 2-10　SWOT 分析矩阵应用实例：Chrysler 的 SWOT 分析

外部环境	内部环境	
	优势(S)	劣势(W)
	1. 1985—1987 年产品质量提高 35%； 2. 劳动成本比 Ford、GM 低； 3. Gulfstream 航空发动机处于领先地位； 4. 盈亏平稳点从 240 万辆降至 150 万辆； 5. 微面市场占有率达 50%	1. 兼并 AMC 使负债率达 60%； 2. 固定资产占 42%； 3. 合资企业比 GM、Ford 少； 4. 生产厂只限于美国、加拿大、墨西哥
机会(O) 1. 美元贬值； 2. 航空/航天工业年增长 20%； 3. 公司收入年增长 5%； 4. 银行利率下降； 5. GM 新车计划遇到问题	**SO 战略** 1. 兼并一个航空企业； 　(S3、O2) 2. 增加微面出口 50% 　(S1、S5、O1)	**WO 战略** 1. 建立航空/航天合资企业； 　(W3、O2) 2. 在西欧建生产厂 　(W4、O2)
威胁(T) 1. 进口汽车增加； 2. 石油涨价； 3. Ford 新建了先进生产线	**ST 战略** 增加广告投入 50% 　(S1、S5、T1、T3)	**WT 战略**

其据此做出了以下 5 项战略选择。

> 战略选择一：利用优势 3(Gulfstream 航空发动机处于领先地位)把握机会 2(航空/航天工业年增长 20%)，兼并一个航空企业。

> 战略选择二：利用优势 1(1985—1987 年产品质量提高 35%)和优势 5(微面市场占有率达 50%，两者说明其微面有竞争优势)把握机会 1(美元贬值，利于出口)，增加微面出口50%。

> 战略选择三：利用机会 2 来弥补劣势 3(合资企业比 GM、Ford 少)，建立航空/航天合资企业。

> 战略选择四：利用机会 2 来弥补劣势 4(生产厂只限于美国、加拿大、墨西哥)，在西欧建生产厂。结合战略三和四，即为在西欧建立航空/航天合资厂。

> 战略选择五：利用优势 1 和 5 来化解威胁 1(进口汽车增加)和威胁 3(Ford 新建了先进生产线来抢占市场)，增加广告投入 50%来维持和巩固市场地位。

2.6　本篇小结

(1) 企业的战略对企业经营成败起着至关重要的作用。

(2) 差异化思想与策略是成功战略的"灵魂"。

(3) 现金流对于企业能否正常运营意义重大。

(4) 产能是制约企业盈利能力的瓶颈之一。

(5) 团队协作是制胜的关键。

第 3 篇
实 战 篇

战略明确了，执行是关键。

战略也不是一成不变的，需要根据内外部环境的变化适当调整。

本篇实训目标

➢ 按照企业运行流程，有效履行我们所担负的职责。

➢ 理解企业战略的重要性，学会用战略的眼光看待企业的业务与经营。

➢ 体验制造业企业的完整运营流程，理解物流、资金流、信息流的协调过程，体会现
金流的重要性。

➢ 训练战略管理、市场营销、财务管理、生产运作、物流管理、市场信息收集与运用
等管理技能。

➢ 理解团队合作的重要性，树立全局观念及共赢理念；体会人尽其才的价值及用人不
当的后果。

3.0　开篇语

3.0.1　关于操作记录

在实际操作中，不同角色的用表填法不同。CEO 的用表，主要是控制企业按流程运

行，在完成每项工作后画钩即可。财务总监的企业运行流程表中，主要填写的是现金流入、流出的数字，不涉及现金流入、流出的项目不填写数字，画钩、叉或星号即可；在资产负债表中，产成品和在制品科目填的是产成品和在制品的价值金额，而不是个数。营销总监用表填写的是产成品的数量；生产总监用表填写的是在制品的数量；采购主管填写的是原材料订货和采购的数量。COO 的用表与 CEO 为同一个表，主要是监督企业按流程运行，在团队成员完成每项工作后画钩。专门的情报人员使用营销总监的用表。

还有一点要特别说明，就是应严格按照模拟企业运行流程一步步运作，不要跳跃式运行。短期贷款是每个季初都能贷，而长期贷款只有年底(电子沙盘在年初)才能贷。在现金流运行到年底时就要决定是不是要增加长期贷款，而不是等到结完账后，甚至是下一年已经开始运行时，才想要长期贷款。

3.0.2　关于战略执行与修订

各角色应根据前述企业战略规划，思索如何有效贯彻执行，并确定执行细节。每个角色要认真阅读并思考以下相关角色的提示。

(1) CEO 首先要重点关注整体战略是否有偏差，并适时带领团队成员做出必要的调整；同时，控制企业严格按照流程执行各项工作。CEO 助理协助 CEO 工作，受 CEO 委托可以具体负责某些工作。

(2) COO(如设)监督企业按流程运行，或者受 CEO 委托控制企业按流程执行各项工作，以使 CEO 腾出时间和精力集中研究企业发展战略的问题。

(3) CFO 要认真执行具体的融资计划和资金使用计划；同时，负责组织做好财务收支、记账、生产线折旧、维护费提取等工作。CFO 助理或责任会计在 CFO 的领导下具体做好现金收支、记账和制作财务报表等工作。

(4) 营销总监要根据营销计划，重点考虑好广告投放和争取订单的问题；同时，组织做好市场开拓投资、ISO 认证投资、产品交货收款、市场信息收集等工作。营销总监助理协助营销总监工作。

(5) 生产总监/技术总监要认真执行产品开发计划、生产计划和设备投资与改造计划。生产总监助理协助生产总监工作，受生产总监委托可以具体负责某些工作，如执行具体生产任务等。

(6) 采购主管要与生产总监密切配合，执行采购计划，保证按时足量供应生产所需的原材料。采购主管助理协助采购主管具体执行采购任务。

(7) 人力资源总监(如设)在 CEO 领导下，执行对团队成员的考核任务。因此，人力资源总监首先要清楚每个角色的任务，并确定考核的指标与方法，做好考核记录。

(8) 商业情报人员(如设)在营销总监领导下，做好商业情报收集工作，同时参与营销决策。为此，首先要掌握竞赛规则，清楚自己企业的情况，明确要收集哪些情报等。

企业战略不是一成不变的，而是要根据企业内外部环境的变化和竞争对手的发展动态不断进行调整。每一年经营下来，都要检验企业战略的适用性，并且根据以后年度的市场变化趋势、竞争对手的策略、市场的竞争态势等，结合自身的优劣势，适度调整既定战略。

3.0.3　关于团队协作

本次实战对抗虽然说是模拟企业 6 年(电子沙盘 7 年)的经营，但在盘面上运作只有短短三五天的时间。作为一个临时组成的管理团队，能否尽量缩短磨合时间，立即进入角色，并且在 CEO 的统一指挥下各司其职，协调有效地运作非常重要。这就要求受训者既要积极向前，又要听从指挥；既要勇挑重担，又不厚此薄彼；既要各抒己见，又要彼此尊重。这样才能既发挥大家的作用，又不至于互不服气、各行其是，影响企业的经营运作。

在实训中，经常有企业不能平账主要原因有：①财务总监不会做账；②各角色没有严格按照企业运行流程去运作，各自为政，致使账目混乱不清；③组员拿着沙盘用具玩，致使账实不符；④营销总监与生产总监沟通不足，导致出现大量库存，或者订单接了却生产不出来。

另外一个值得注意的问题是，不能搞一团和气、没有原则的团结。例如，一个公司的财务 3 年都不能平账，运行到第三年了连利润留存还搞不懂，也不换人，严重影响了企业的运营，也影响了竞赛的进程。这不是真正的团结，更谈不上团队协作。让合适的人做合适的事，这是基本的准则。

3.1　开局布阵

模拟经营第一年。

3.1.1　企业讲坛 1：如何成为一个真正的 CEO

记录报告要点，不够可另加附页。

_____

_____

_____

_____

_____

_____

_____

3.1.2 沙盘模拟实战对抗第一年

(1) 当年计划。

_____

_____

_____

_____

_____

_____

(2) 执行记录。

(记入附录 1 相应角色的操作记录)

_____

_____

_____

_____

_____

_____

(3) 当年小结。

_____

_____

_____

_____

_____

_____

(4) 竞争对手信息调研，如表 3-1 所示。

表 3-1 第一年商业信息表(责任人：商业间谍)

一、广告投入情况	
A	
B	
C	
D	
E	
F	

(续表)

二、财务状况(现金、应收账款、应付账款、长期贷款、短期贷款等)	
A	
B	
C	
D	
E	
F	

三、企业战略(市场开拓、产品研发、ISO 认证等)	
A	
B	
C	
D	
E	
F	

四、产能(生产线类型、数量、生产状态等)	
A	
B	
C	
D	
E	
F	

五、盈利情况(资产负债表、损益表)	
A	
B	
C	
D	
E	
F	

六、其他

3.1.3 下一年策略调整

_____

_____

_____

_____

_____

_____

_____

_____

_____

_____

3.2 苦心经营

模拟经营第二年。

3.2.1 企业讲坛 2：如何成为一个真正的 CFO

记录报告要点，不够可另加附页。

_____

_____

_____

_____

_____

_____

_____

_____

_____

_____

_____

3.2.2 沙盘模拟实战对抗第二年

(1) 当年计划。

_____

_____

_____

_____

_____

_____

_____

(2) 执行记录。

(记入附录 1 相应角色的操作记录)

_____

_____

_____

_____

_____

_____

_____

_____

(3) 当年小结。

_____

_____

_____

_____

_____

_____

_____

(4) 竞争对手信息调研，如表 3-2 所示。

表 3-2　第二年商业信息表(责任人：商业间谍)

一、广告投入情况	
A	
B	
C	
D	
E	
F	

二、财务状况(现金、应收账款、应付账款、长期贷款、短期贷款等)	
A	
B	
C	
D	
E	
F	

三、企业战略(市场开拓、产品研发、ISO 认证等)	
A	
B	
C	
D	
E	
F	

四、产能(生产线类型、数量、生产状态等)	
A	
B	
C	
D	
E	
F	

五、盈利情况(资产负债表、损益表)	
A	
B	
C	
D	
E	
F	

六、其他

3.2.3 下一年策略调整

3.3 渡过危机

模拟经营第三年。

3.3.1 企业讲坛 3：如何成为一个真正的营销总监

记录报告要点，不够可另加附页。

3.3.2 沙盘模拟实战对抗第三年

(1) 当年计划。

_____

_____

_____

_____

_____

(2) 执行记录。

(记入附录 1 相应角色的操作记录)

_____

_____

_____

_____

_____

_____

(3) 当年小结。

_____

_____

_____

_____

_____

_____

(4) 竞争对手信息调研，如表 3-3 所示。

表 3-3　第三年商业信息表(责任人：商业间谍)

一、广告投入情况	
A	
B	
C	
D	
E	
F	

(续表)

二、财务状况(现金、应收账款、应付账款、长期贷款、短期贷款等)

A	
B	
C	
D	
E	
F	

三、企业战略(市场开拓、产品研发、ISO 认证等)

A	
B	
C	
D	
E	
F	

四、产能(生产线类型、数量、生产状态等)

A	
B	
C	
D	
E	
F	

五、盈利情况(资产负债表、损益表)

A	
B	
C	
D	
E	
F	

六、其他

3.3.3　下一年策略调整

_____

_____

_____

_____

3.4 曙光初现

模拟经营第四年。

3.4.1 企业讲坛 4：如何成为一个真正的生产总监/技术总监

记录报告要点，不够可另加附页。

_____

_____

_____

_____

_____

_____

_____

_____

3.4.2 沙盘模拟实战对抗第四年

(1) 当年计划。

_____

_____

_____

_____

_____

_____

_____

(2) 执行记录。

(记入附录 1 相应角色的操作记录)

_____

_____

_____

_____

_____

_____

_____

(3) 当年小结。

_____

_____

_____

_____

_____

_____

_____

(4) 竞争对手信息调研，如表 3-4 所示。

表 3-4　第四年商业信息表(责任人：商业间谍)

一、广告投入情况	
A	
B	
C	
D	
E	
F	
二、财务状况(现金、应收账款、应付账款、长期贷款、短期贷款等)	
A	
B	
C	
D	
E	
F	

(续表)

三、企业战略(市场开拓、产品研发、ISO 认证等)	
A	
B	
C	
D	
E	
F	

四、产能(生产线类型、数量、生产状态等)	
A	
B	
C	
D	
E	
F	

五、盈利情况(资产负债表、损益表)	
A	
B	
C	
D	
E	
F	

六、其他

3.4.3　下一年策略调整

3.5 激战正酣

模拟经营第五年。

3.5.1 企业讲坛 5：如何成为一个真正的人力资源总监/采购主管

记录报告要点，不够可另加附页。

_____

_____

_____

_____

_____

_____

_____

_____

3.5.2 沙盘模拟实战对抗第五年

(1) 当年计划。

_____

_____

_____

_____

_____

_____

_____

(2) 执行记录。
(记入附录 1 相应角色的操作记录)

_____

_____

_____

_____

_____

_____

_____

_____

(3) 当年小结。

_____

_____

_____

_____

_____

_____

_____

(4) 竞争对手信息调研，如表 3-5 所示。

表 3-5　第五年商业信息表(责任人：商业间谍)

一、广告投入情况	
A	
B	
C	
D	
E	
F	
二、财务状况(现金、应收账款、应付账款、长期贷款、短期贷款等)	
A	
B	
C	
D	
E	
F	
三、企业战略(市场开拓、产品研发、ISO 认证等)	
A	
B	
C	
D	
E	
F	

(续表)

四、产能(生产线类型、数量、生产状态等)	
A	
B	
C	
D	
E	
F	
五、盈利情况(资产负债表、损益表)	
A	
B	
C	
D	
E	
F	
六、其他	

3.5.3　下一年策略调整

3.6　企业决胜

模拟经营第六年。

3.6.1 沙盘模拟实战对抗第六年

(1) 当年计划。

_____

_____

_____

_____

_____

_____

_____

(2) 执行记录。

(记入附录 1 相应角色的操作记录)

_____

_____

_____

_____

_____

_____

(3) 当年小结。

_____

_____

_____

_____

_____

_____

3.6.2 沙盘模拟实战对抗揭晓

记录结果。

(1) 对抗赛成绩及排名。

_____

_____

_____

_____

_____

_____

(2) 竞争对手信息调研,如表 3-6 所示。

表 3-6　第六年商业信息表(责任人:商业间谍)

一、广告投入情况	
A	
B	
C	
D	
E	
F	
二、财务状况(现金、应收账款、应付账款、长期贷款、短期贷款等)	
A	
B	
C	
D	
E	
F	
三、企业战略(市场开拓、产品研发、ISO 认证等)	
A	
B	
C	
D	
E	
F	

(续表)

四、产能(生产线类型、数量、生产状态等)
A
B
C
D
E
F
五、盈利情况(资产负债表、损益表)
A
B
C
D
E
F
六、其他

3.6.3　如何评价一个企业

在日常生活中，人们往往习惯于用财务指标去衡量一个企业的业绩表现，但财务指标是一种滞后的指标，无法显示企业的未来，并可能导致企业管理人员严重短视，阻碍对未来发展的投资，使企业丧失可持续发展能力。

在本实训中，为使模拟企业评价接近企业的真实价值，并反映出企业未来的发展和成长性，综合考虑了模拟企业目前的所有者权益和企业综合发展潜力。企业综合发展潜力包括企业拥有的厂房数量和规模、生产线数量和类型、产品研发数量和水平、市场开发量、质量认证资格等；同时要扣减罚分，如强制平账、违规操作、借高利贷等。

计算公式如下。

$$综合得分 = 所有者权益 \times (1 + 企业综合发展潜力 \div 100)$$

3.7 本篇小结

(1) 战略规划对企业的经营发展起着重要的指引作用。

(2) 企业战略不是一成不变的,而是要根据环境的变化和竞争对手的发展动态不断地进行调整。

(3) 制定战略固然重要,但有效地执行战略同样重要。

(4) 在战略正确的前提下,关键性细节同样可以影响成败。

(5) 衡量一个企业不仅要看其目前的盈利状况,还要看其未来的发展潜力和盈利能力。

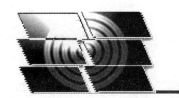

第4篇

案 例 篇

本篇实训目标

➢ 理论联系实际，积极参与案例讨论。

➢ 通过案例讨论，深入理解相关理论。

➢ 理解管理既是科学，也是艺术的内涵。

➢ 理解"度"的概念，适度是管理永恒的主题。

➢ 通过参与案例讨论，培养辩证思维的能力。

4.0 开篇语

当今世界，科技迅猛发展，知识经济已成为历史潮流。管理者除了要具备相当的背景和知识广度外，还应拥有巧妙应用决策、组织、领导、沟通、协调、激励等管理艺术的能力。案例讨论的主要功能就是培养学生分析解决实际问题的能力，并可丰富学生在各领域、各地区、各行业、各种事件的背景知识，扩大学生的视野，帮助学生树立权变的理念。

为此，本篇安排了5个不同类型(侧重不同角色)的典型案例，分别涉及公司战略、竞争策略、财务管理、人力资源管理、产品开发/生产与物流管理等内容，并与企业经营沙盘实战对抗中的不同角色相对应。

在案例讨论的过程中，应把书中案例与沙盘模拟实战对抗结合起来。为了使讨论富有成效，应事先做好准备工作，如上网收集相关资料并认真准备发言提纲。在讨论时，应积极参与发言。

4.1 公司战略案例

4.1.1 战略失误导致 IBM 放弃 PC 机业务

IBM 是 PC 机的缔造者,然而目前却已与 PC 机无缘。在持续巨额亏损后,IBM 无奈地将 PC 机业务整体出售。2004 年 12 月 8 日,联想宣布以 12.5 亿美元整体并购 IBM PC 业务。

1. IBM 成功推出 PC 机,赢得耀眼光环

20 世纪 80 年代初,IBM 开始涉足 PC 机市场,为了在一年内使产品上市,IBM 前所未有地采用了开放式设计的决定,这使得其他厂商也能模仿设计。由于 IBM 的名气,以及采用了开放式设计,软件设计者愿意为 IBM PC 撰写应用程序,消费者也满怀信心地购买 IBM PC。每多一个客户、一种应用软件,就使 IBM PC 向成为产业标准更进一步,正循环开始驱动 PC 机市场长达数年之久。期间,企业界所使用的 PC 机有一半以上是 IBM 生产制造的,其余则是和 IBM 相容的产品;3 年时间,几乎所有具竞争力的非 IBM 兼容机已经销声匿迹了,IBM 制定了产业标准。1984 年,IBM 也创下了单年利润最高的世界纪录—— 66 亿美元。

2. 保利益抑制前进脚步,痛失 PC "王座"

这时可悲的事情发生了。当 IBM 推出个人计算机时,从未想到 PC 机的销售会挑战自己的传统业务市场。为了不让 PC 机侵蚀自己原有的小型机市场,IBM 在其个人计算机功能迅速增加、展现威力时,却抑制了其发展,故意拖延推出威力强大的 386 个人计算机,结果将独霸地位拱手让出。康柏第一个推出以 386CPU 为基础的 PC 机,这个举动让康柏赢得了威信和领导地位,而这些原来是 IBM 独享的专利。

3. 自负中迷失前进方向,一错再错

如果 IBM 这时奋起直追、策略正确,则仍可以反败为胜,也许就不会是今天这个局面。然而,这时 IBM 太强的优越感,使其高估了自己的能力与影响力,忽视了兼容性和市场的力量,又犯了一个更大、更致命的错误。这就是 IBM 打算发展不同的计算机系统和彼此互异的操作系统,迫使竞争者退出市场,或者支付高昂的权利金。换而言之,这个计划的主旨就是淘汰 IBM 兼容机。1987 年,IBM 推出了具有新颖微通道技术的 PS/2。IBM 满以为它的大旗一挥,消费者一定会趋之若鹜,然而 IBM 打错了算盘,当消费者发现基于 PS/2 的配套设备和应用软件还太少时,便抛弃了 IBM,选择的是 IBM 兼容机(虽然不是 IBM 制造的)而不是 PS/2(虽然是 IBM 制造的)。

4. 终醒悟奋起直追，时机已逝

这对 IBM 造成的最大损失不是投入的巨大研究经费，而是从此失掉了个人计算机的控制权。不仅如此，IBM 又走上了另一条歧路，失去了宝贵的时间，错过了夺回霸主地位的最佳时机。20 世纪 90 年代，虽然 IBM 意识到了这一点，重回 IBM 兼容机的轨道，但已经时过境迁，即便费了九牛二虎之力却始终无法重拾领导地位，更不用说霸主地位了。

5. 新形势新战略，忍痛割爱

最后，IBM 不得已将 PC 业务出售，这就是 2004 年底、2005 年初轰动全球的联想收购 IBM PC 的大型并购案。IBM 作为 IBM PC 兼容机的发明者落到如此下场，确实引人深思。这个案例说明，即使像 IBM 这样的超级霸主，也不可能逆势而为；犯了这样的战略错误，也回天乏力。

4.1.2 案例讨论

思考题：

(1) 作为 PC 机的发明者，IBM 为什么会走到出售 PC 机业务的地步？

(2) 有人说，计划没有变化快，因此，走一步看一步吧。你怎么看？

(3) 一本书使得"细节决定成败"广为流行，你怎么看细节与战略的关系？

4.1.3 深度反思

深刻反思沙盘实战对抗中战略选择的成败得失。

4.2 竞争策略案例

在我国企业界现在普遍流行着一种"时不我待"的躁动——以快制胜。一则是自身发展及与国内对手竞争的需要；二则是应对我国加入 WTO 后，一些市场的保护逐步到期，寄希望于国际巨头大肆进入我国市场前先"跑马圈地"占领市场，这个理由似乎更让人"尊敬和崇拜"，因为带上了爱国和保护民族产业的光环。一时间，快速扩张似乎成了制胜的唯一法宝，在零售业、家电连锁业、保险业等新兴或快速成长的行业中表现尤为突出。

然而，我们看到的却是一个个"快速扩张，跑马圈地"明星们的陨落。盛兴超市、普马超市等"农超"因发展过快导致资金链断裂的前车之鉴仍历历在目，家电界又不顾一切地"重蹈覆辙"。其实这些企业建立初期都有很好的发展势头，只是发展中忽视了"极度扩张"的弊端，导致最终以经营失败告终。

4.2.1 家电连锁业：极度扩张理论与现实的悖论

理论上，连锁扩张复制前期的成功，奠定领导地位，形成规模效益；具体到我国家电连锁企业，其扩张的逻辑是，以全国性网络和低价驱动来圈销量，再以销量压低进货价格，扩大利润空间，提高利润率。理论上是成立的，然而现实中往往是成功的模式并没有传递下去，机构发展出现了严重的不平衡，单店指标下降，出现了增产不增收的怪现象。

1. 跑马圈地：增产不增收

具体表现在以下方面。

(1) 分支机构、分店数量大量增加。截止到 2005 年 11 月，苏宁电器提前 1 个月完成了当年开店 150 家的目标，是 2004 年底以前店面总数的 1.5 倍，使店面总数达 260 家。而当时的国美电器开新店更是多达 200 家。永乐电器原本是尽可能吃透上海和江浙一带，形成块状布局，完成区域平台，然而对手的全国扩张显然也刺激了原本安分的永乐，于是，其提出 2005 年要使分店数量增加到 350 家的设想，并进行大肆并购。

(2) 单店利润下降，考核营运能力的每平方米收入和毛利率也在下降。中国连锁业联合会的数据显示，作为电器连锁行业关键指标的每平方米年收入在 2004 年同比下降了 23%，而薪资、租金等成本则同比增加了 4%～13%。国美电器在 2004 年 7 月 5 日的公告中也称，快速扩张导致每平方米营业收入、毛利率都有所下降。

(3) 总体利润率下降。国美、苏宁、永乐等电器连锁企业近两年来一直在高速扩张，但行业利润的增长速度却远低于店面增长的速度。国美电器 2005 年上半年连销售额的增长速度(32%)都远远小于其门店数的增长速度(91%)。

(4) 负债大幅增加，财务吃紧。家电连锁企业大量侵占供应商的资金，尽管如此，由于店面扩张太快太多，家电连锁企业本身还是财务紧张；同时，随着家电连锁模式迅速在国内一、二线城市的扩张，卖场之间恶性价格竞争和非理智行为加剧，厂商关系逐步恶化。

(5) 机构发展严重不平衡，各店之间差异很大。据悉，苏宁电器无效店面的比例从原来的 5%增长到 10%，这一数字随着店面的大幅增加还将继续上升。张近东表示，2006 年在一线城市的主要任务是巩固和提升份额与利润率，而调整店面将是重要措施。国美和永乐电器也都有店面布局调整及店面整合的计划和要求，即关店减负，关掉亏损或微利的店面，使保留的店面都盈利。

(6) 人力吃紧，尤其是中高级管理人员严重不足。家电连锁企业全国性战略布局的加速发展，使得人才储备严重不足；随着这种布局的深入，矛盾将更加突出，已经成为制约这些企业快速发展的瓶颈问题。

2. "三圈"运动：营运能力下降

事实上，由于家电连锁企业过早地正面对抗而引发的价格战，吞噬了大量的利润。进价降低的幅度赶不上售价降低的幅度，利润空间实质上是在减少，而不是增加，利润率在快速降低。再加上由于快速扩张引发的运营能力下降，营运成本上升，"增产不增收"也就不足为奇了。

2005 年，家电连锁企业开始进一步大规模地圈地、圈钱、圈人的"三圈"运动及不惜代价的对决，给国内家电制造企业带来了普遍消极的影响。国美与苏宁电器都遇到单位面积销售额和销售利润持续下滑的问题，价格战带来的自我损坏已相当严重。在马拉松式的竞争中，没有谁可以通过一役一统天下。在旷日持久的消耗战中靠什么取胜？谁会是最后的赢家？

国美、苏宁等在扩张时均采用"轻资产"运作模式，即开新店大都采用占用供应商资金的做法。如此来说，开新店对家电连锁企业占用的资金并不是很大，但由于其扩张计划过于庞大，累加费用的总额就不容小觑了。例如，在一个中等发达城市开一个 2000 平方米门店的总投入约 3000 万元，而连锁企业只要投入 250 万元左右的启动资金就可以了，只占不到 10%，但要一年开 200 个店，就需要 5 亿元左右的资金来支持。

而且，由于扩张速度太快，导致家电连锁企业的整体营运能力下降，各项费用攀升。苏宁也放弃了曾经坚持的步步为营、追求单店的盈利能力和销售利润率的做法，2005 年上半年与上年同期比存货周转率由 9.3 次下降到 6 次，固定资产周转率由 58.7 次降到 40.2 次，总资产周转率由 4.9 次降到 2.7 次。

在此情况下，苏宁改变了以前的盈利模式。其新的扩张逻辑就是，以全国性网络和低价驱动来圈销量，再以销量压低进货价格，最后用其他收入(如促销费、进场费等)补贴因竞争摊薄的盈利。

3. 成本转移：厂商关系恶化

国美、苏宁等国内家电连锁巨头是家电厂家最重要的渠道增长点，一般企业都不会舍得放弃这块市场，但当利益之争接近临界点时，这种微妙的平衡关系就会被打破。在国美与苏宁不断开店又不断转移开店成本、惨烈对决却又拿供应商填坑的借台唱戏(即国美与苏宁的竞争不断升级，但竞争成本却由家电厂家承担)过程中，很多家电制造企业都已经嗅到了令人窒息的"死亡"气息。

于是，家电厂家开始了自卫反击。自格力与家电连锁巨头闹翻后，在国美、苏宁和永乐等家电连锁巨头加速跑马圈地时，TCL、美的、海尔等一些家电制造巨头也都开始悄悄地着手自建营销渠道，并把突破口放在三、四线城市。

从早期的自建渠道，到依靠连锁企业，再到重新自建渠道，家电制造企业在十几年间经历了一次销售渠道的轮回。渠道回归的背后，是为在与家电连锁巨头的博弈中赢得话语权，是家电制造企业试图摆脱家电连锁企业控制和盘剥的努力，也是塑造品牌、寻找生存新空间的尝试，对家电连锁企业也传递了一个信号。

2005 年 11 月 15 日，重庆 20 多家家电供应商包括创维、TCL、康佳、长虹、海信等众多知名品牌，成立了一个名为 JD 的俱乐部，以联合起来抵制家电零售商的压榨，维护自身利益。JD 俱乐部成立后的第一个行为是发出致国美电器的一封公开信，这些供应商在公开信中列举了重庆国美电器一系列"令人无法忍受的行为"，包括擅自给供应商降价、摊派各类费用、拖欠货款、强行厂家加入国美新开的店等。虽然，目前效果和结果还不得而知，但家电厂商关系恶化可见一斑。

—— 改编自：刘平. 极度扩张：理论与现实的悖论[J]. 经营管理者，2006(4): 54-55.

4.2.2　案例讨论

思考题：

(1) 为什么扩张快了反倒利润下降？为什么不仅整体利润、利润率下降，单店利润也下降？

(2) 以快制胜真的是制胜的法宝吗？跑马圈地还有效吗？

(3) 企业发展，慢固然不行，快也不一定就好。如何处理企业发展快与慢的辩证关系？

4.2.3　深度反思

深刻反思沙盘实战对抗中竞争策略的成败得失。

4.3　财务管理案例

4.3.1　安通公司的投资决策

安通公司是一家特种机械制造公司。该公司下设 10 个专业工厂，分布在全国 10 个省市，拥有资产 20 亿元，员工 8 万人，其中本部员工 200 人。本部员工中 60%以上是技术管理人员，基本都是学特种机械专业的。该公司所属企业所生产的产品由政府有关部门集中采购，供应全国市场。

改革开放以来，安通公司的生产经营呈现较好的局面，在机械行业普遍不景气的情况下，该公司仍保持各厂都有较饱和的产品。但是，进入 20 世纪 90 年代以后，国内市场开始呈现供大于求的趋势，政府有关部门的负责人曾透露，如果 3 年不买安通公司的产品，仍可维持正常生产经营。面对这样的新形势，安通公司领导连续召开两次会议，分析形势，研究对策。

1. 第一次会议——专门分析形势

刘总经理主持会议时说，安通公司要保持良好的发展趋势，取得稳定的效益，首先必须分析、认清形势，才能适应形势。我们的产品在全国市场已经趋于饱和，如果不是有政府主管部门干预和集中采购，我们的生产能力一下子就过剩30%，甚至更多，我们应该对此有清醒的认识。

负责经营的李副总经理说，改革开放以来，全公司的资金利润率达到了 8%左右，居全国机械行业平均水平之上，但是现在产品单一，又出现供大于求的趋势，今后再保持这样的发展水平很难。目前，公司本部和各厂都有富余资金和富余人员，应该做出新的选择。

分管技术工作的赵副总经理说，总公司和各厂的产品特别是有一部分产品通过近几年引进国外先进技术，基本是能满足国内市场目前的需要；总公司和各厂的专业技术力量很强，但如果没有新产品持续不断开发出来，单靠现有产品很难在本行业有较大发展，专业人员也要流失。

其他的副总们也都从各自的角度分析了安通公司所面临的形势，大家都感到这次会议开得及时，开得必要。

2. 第二次会议

第二次会议仍由刘总主持。他说，我们在上次会议中全面分析了形势，使大家头脑更清醒，认识更加一致，就是要适应新形势，研究新的发展战略。李副总说，我们应该充分利用富余人员和富余资金，寻找新的门路，发展多种经营，要敢于进入机械行业外的市场。现在，国家正在提倡发展第三产业，我们应该利用国家的优惠政策，开展多种经营，取得更好的经济效益。

赵副总谈到，安通公司的产品虽然通过引进国外先进技术已经升级换代，但是与国际先进水平比还有相当差距，我们现在应该充分利用技术力量和资金，进一步引进技术，开发新产品，以适应未来市场的需要，同时争取把产品打到国际市场上去。

其他各位老总也都一致认为，安通公司必须发展，不能再停滞不前。大家认为，安通公司是一个专业化很强的企业，虽然现在主产品是供大于求的趋势，但现在特别是将来还是有比较稳定的市场，因此主产品绝不能放松，可是单靠主产品就想过得富裕是不行的，要不断地开辟新的经营领域，开展多种经营。

两次会议统一了思想，提出了新的经营战略："一业为主，多种经营，立足本业，面向全国，走向世界"。各个分厂和本部各个部门都积极行动起来，研究自己今后的发展方向和目标。

这时，安通公司听到这样两条信息：一是山东省有一家饭店正在建设之中，由于缺乏资金，就要面临停工，该饭店投资 100 万元，地处市中心，据预测年利润率可达 25%以上，4 年就可全部收回投资，是一个投资少、见效快的项目；二是辽宁省有一个年产 40 万吨的煤矿，正在筹资，寻求合作伙伴，该矿允诺投资回报率至少 20%，目前煤炭正供不应求，市场前景也是很可观的。

听到这两条信息后，总公司派出两队人马分别到山东省和辽宁省了解情况。几天后，两队人马回到总部，证实了两条信息是真实可靠的，而且经营者都是国营单位，投资前景看好，并写了向山东省饭店和辽宁省煤矿分别投资 50 万元的请示报告。

请示报告很快批了下来，资金迅速划了过去。由于有了这笔资金的注入，山东省的饭店得以顺利施工，并于第二年开始营业，饭店开始营业以后，安通公司的有关领导出差路过，也到饭店看过，看上去饭店经营得还不错，也上档次。到第三年的年底，传来消息，山东省饭店全年亏损 10 万元，辽宁省煤矿亏损 5 万元，都没有利润可分。第四年也是这种局面，饭店和煤矿都是小亏，没有利润可分。安通公司对此感到很棘手，一下子拿不出有效策略。

4.3.2　案例讨论

思考题：

(1) 安通公司的投资决策是否正确？如果存在问题，主要问题是什么？

(2) 安通公司应对饭店和煤矿采取什么样的对策？

(3) 企业应如何多元化？相关多元化与非相关多元化各有什么利弊？

> **提示**

➢ 根据 SWOT 分析，安通公司具有良好的内部资源条件，人、财、物优势明显，但产品单一、供大于求，面临外部环境的威胁，因此开辟新市场，实行多元化经营的思路是正确的。但投资煤矿和餐饮业，论证不充分，加之行业跨度大，在新领域的经营业务中，安通不具备优势；投产后，又缺乏必要监控和指导，以致造成经营不善和亏损。对策一：对两个项目进行再论证后决定取舍，如有继续发展的机会应加强监控和管理，力争尽快扭亏为盈；对策二：利用企业的资源和人力优势，引入新技术，开发新产品，开辟国际、国内两个市场。

4.3.3　深度反思

深刻反思沙盘实战对抗中财务策略的成败得失。

4.4　人力资源案例

4.4.1　"零工资"就业现象

从媒体上看到以下两则消息。

(1) 一位在某律师事务所帮忙的周先生说，他一直想做律师，但是自己却不是学习法律的，没有文凭，也没有工作经验，按照目前的律师事务所用人条件，他几乎没有一点儿机会。但通过熟人介绍，他可以在这个事务所帮忙，条件是没有工资。

他觉得这个机会能多接触一些法律实践，有助于他准备参加来年的司法考试，对自己正式做律师有好处，因此，他接受了这个特殊的工作。他认为没有工资，获得工作经验和履历同样是宝贵的财富。

(2) 一位通过自学取得了医护护理专业大专学历的求职者，既没有这方面的从业经历，也没有上岗证，到市场上来招聘的医院、诊所、药店虽然不少，但这位求职者很长时间都找不到工作。她向职介中心的工作人员求助，希望能帮忙介绍一个实习的地方，不让对方单位负担工资待遇。

思考题：

(1) 从这一现象可以得出什么样的结论？又凸现了何种社会问题？

(2) "零工资"就业是否违背了市场经济的等价交换规律？

(3) "零工资"就业是否会为劳动力市场的恶性竞争推波助澜？

4.4.2　裁员冲突

刘明是某机械设备有限公司的总经理。该公司上半年出现亏损，年底又要还清一大笔银行贷款，在实行了两个月的节约计划失败后，刘明向各部门经理和各厂长发出了紧急备忘录。备忘录要求各部门、各工厂严格控制经费支出，裁减百分之十的员工，裁员名单在一周内交给总经理；并且规定全公司下半年一律不招新员工，现有员工暂停加薪。

该公司阀门厂的厂长王超看到备忘录后，急忙找到刘总询问："这份备忘录不适用于我们厂吧？"刘总回答："你们也包括在内。如果我把你们厂排除在外，那么别的单位也想作为特殊情况处理，正像上两个月发生的一样，公司的计划如何实现？我这次要采取强制性行动，以确保缩减开支计划的成功。"

王超辩解道："可是我们厂完成的销售额超过预期的百分之五，利润也达到指标。我们的合同订货量很大，需要增加销售人员和扩大生产能力，只有这样才能进一步为公司增加收入。为了公司的利益，我们厂应免于裁员，哪个单位亏损就让哪个单位裁员，这才公平。"

刘明则说："我知道你过去的成绩不错。但是，你要知道每一位厂长或经理都会对我讲同样的话，做同样的保证。现在，每个单位必须为公司的目标做出贡献，不管有多大的痛苦！况且，虽然阀门厂效益较好，但你要认识到，这是和公司其他单位提供资源及密切的协作分不开的。"

"无论你怎么讲，你的裁员指标会毁了阀门厂的，所以，我不想解雇任何人。你要裁人就从我开始吧！"王超说完，气冲冲地走了。刘明心想："这正是我要做的。"但是，当他开始考虑如何向董事会解释这一做法的理由时，他又开始有点为此感到犯难了。

思考题：

假如你是该公司的一名常务董事，你对上述冲突过程有相当清楚的了解，你不想让王厂长因此而离开公司，但又要推动公司裁员计划的落实。试问在这样的情况下，你如何分析和处理王厂长与刘总的冲突？

提示：

➢ 冲突原因——"一刀切"的裁员方案没有考虑各单位经营业绩的差异，局部与整体视角不同造成沟通障碍，人际技能有待提高。处理对策——分析节约计划失败原因，寻找压缩开支的各种可行途径；如果裁员为相对优化方案，则应加强内部沟通，争取各部门管理人员的理解和支持。

4.4.3 深度反思

深刻反思沙盘实战对抗中人力资源策略的成败得失。

4.5 产品开发/生产/采购案例

4.5.1 叶萍服装店

私营企业"叶萍服装店"店主兼经理吕叶萍 3 年前办起这家服装店以来，一直经营得很顺利。然而，最近她不断收到许多顾客的口头或书面抱怨，反映该店在产品质量和交货方面都有很多问题，还常常碰上原材料不足的情况，有两家关键主顾甚至取消了对该店的大宗订货。这使她困惑不解，不明白她的生意究竟出了什么问题。

小吕 1974 年高中毕业后，就下乡插队落户。那时，她就迷上了服装裁剪缝制这门手艺，在生产队的缝纫组里跟一位老裁缝学习与实践操练，并赢得过"巧手姑娘"的美誉。1977年她返城回家，大学没考上，在家待业，很觉技痒，就先参加了一个里弄缝纫组的工作。一年多以后，她进入街道成衣厂当了一名集体所有制工人，她的经验、手艺和才能，使她很快脱颖而出，当上了厂服装设计组组长。

小吕十分喜爱这份工作，白天干活，晚上买来有关书籍自学，还自费先后进了服装设计和剪裁训练班。1980—1982 年，厂里交给她各式各样的任务，有些还相当艰巨，她都欣然接受，因为她认为这对于她全面掌握成衣业务是一个难得的好机会。

她参加设计了妇女时装和童装，与各种布匹供应商打交道，选购合适的衣料，与有特殊订货要求的客户磋商、讨价还价、洽谈合同；她还负责过特殊订货设计、剪裁和缝制间的协调工作，甚至协助过会计整理账目。

1983 年年初，小吕觉得自己已经熟谙服装业务，可称"羽翼丰满"，终于决定停薪留职自己筹资开办服装店。这样，经过积极准备，在当年 6 月正式办起了这家"叶萍服装店"。

创业之初，一切从简，她自己任经理，包揽了内、外的全部管理工作，还兼任服装设计师；并找来几位熟悉业务的待业知青，一个当秘书兼会计，一个负责下样剪裁，另两人操作缝纫机。小吕觉得一开始就在顾客中建立起信誉，是至关重要的。

由于过去在厂里她参加过跟顾客打交道的业务，一些老"关系户"对她的手艺有些了解，所以开店伊始就得到了几小笔订货。她兢兢业业地加工这几批衣服，力求做到优质低价，从而打响第一炮，这头批主顾果然对"叶萍服装店"的活计十分满意。到翌年春天，该小店已经以质量优异、价格公道并能承做特制服装而赢得了声誉，订货额提高了 60%，大主顾也由 6 家增加到了 11 家。

为了配合生产的增长，小吕又增聘了一位剪裁师傅，并把缝纫机操作工从 2 人增加到 4 人；她自己主要还是搞服装设计，同顾客谈判特殊订货，以及走访各家供应商选购布料。生意在继续迅速扩展，到 1986 年春天，订货额又增加了 150%，并招来了 8 位成批订货的大主顾。

考虑到业务的进一步增长，小吕再请了一位兼职会计，还增加了 2 位剪裁师傅和 4 名缝纫工。小吕自己则将更多的时间放在服装尤其是时装设计上，因为"叶萍服装店"已经以其优质特制时装而声誉远扬；同时，她还去采购布料，走访可能的主顾，以争取更多的业务。

可是，到了 1986 年初夏，她开始听到了一些顾客的埋怨，反映产品质量有所下降，交货也不及时。这使小吕警觉起来，她十分关心主顾们的感觉，便通过打电话、走访和写信等方式，对出现的问题再三表示抱歉，并保证改进。

但是，以后的日子里，顾客们的牢骚反而越来越多了，有位老主顾甚至取消了一笔订货，并且扬言今后不再跟"叶萍服装店"做生意；另一位老主顾则说，情况若不见改善，他也要撤销订货，断绝往来。为此，小吕召开了一次全体员工会议，向职员们说明了顾客反映的情况，并征求大家意见。

员工们议论纷纷，有的说，缝纫机买来是旧货，活又重，早就该维修了；有的说，买来的布料有不少疵点；还有的提醒说，有一种布料存货已经用光了；等等。后来她又收到一张没有署名的便条，说有几位工人午餐时间太长、干活还常常磨洋工。因此，小吕认为如今真该去请求管理专家来给她一些指点和帮助了。

有人告诉她，本地一所大学有一位管理学教授赵博士，对小型企业的经营管理经验丰富、造诣颇深。她决定登门请教，只要确实能改善她家店的营业状况，即使付一笔咨询费也心甘情愿。

4.5.2 案例讨论

思考题：

(1) 如果你就是赵博士，根据案例所提供的情况，试分析"叶萍服装店"目前的经营到底出了什么问题，以及原因何在。

(2) 如何看待更新设备投资与控制成本的关系？

(3) 应如何对待生产过程管理与质量控制？

提示：

➢ 目前的经营出现了因业务扩大、管理跟不上，而导致质量达不到客户要求的问题。因为到1986年春天，服装店的订货额又增加了150%后，业务的不断发展，使小吕只注意到按生产扩大增人，却并没有规范的人员岗位责任方面的规定，也就有了"有人磨洋工"的反映。而这只是众多管理不力的表现之一，还有诸如员工反映的设备老化、库存供应等问题。出现这些因素最终归结于小吕，从店的发展过程来看，她没能合理地转换自己的管理角色。她既要设计时装、跑客户、采购，还要负责售后工作，显然，小吕对店内经营太集权，精力太分散，从而出现管理控制不力的问题。

4.5.3 深度反思

深刻反思沙盘实战对抗中产品开发/生产/采购的成败得失。

4.6 本篇小结

(1) 正确的战略引导企业走向成功，错误的战略引导企业走向毁灭。

(2) 以快制胜，适度最重要。

(3) 应谨慎对待多元化。

(4) 21 世纪，人力资源是第一资源。

(5) 专业化是小企业发展壮大的有效途径。

第 5 篇
总 结 篇

只有善于思考和总结的人，才能获得最大的收获与提高。

成长在于积累。笔记是积累的一种方式，这种方式最笨，也最聪明。它记录了你的发现，你的成长，你的感悟，把它们收集起来，就是你的财富，也是你永久的珍藏。

本篇实训目标

➤ 撰写模拟企业经营分析报告。

➤ 撰写个人实训总结。

➤ 积极参与总结交流。

➤ 找出成败背后的原因。

➤ 思索改进工作的方法。

5.0 开篇语

竞赛的过程是热闹的，但真正的收获与提高是在竞赛后的总结和交流阶段。经过了 5 天模拟 6 年的经营后，及时、认真地总结和反思是必要的。赢要知道赢在哪，输也要知道输在哪。不知道赢在哪不是真正的赢，只能说是"瞎猫碰上了死耗子"。赢者也会有失误的地方，输者也会有精彩的地方，只要受训者能在模拟操作的基础上，进行深刻的反思与总结，并挖掘出成败背后的原因，就是真正的赢家，就能学到知识，并获得提升。

竞赛从来都不是目的，通过竞赛使大家都进行了最大的发挥，得到了最大的锻炼，这才是最有价值的。从这个角度来说，只要我们尽了最大的努力，不管是赢还是输，都是赢家。5 天的对抗赛带给我们的是启迪，是思考，是发现自己。只有实践才能真正检验我们学到了什么，才能真正跨越自己。

4 周的学习和竞赛，你肯定有很多感想，知识和技能也装了一箩筐，虽然可能仅仅是知识点；你可能会有些许遗憾，因为你总是匆忙行动而来不及运用刚学到的知识，或者是想当然地认为应该怎么做而忽略了本竞赛的市场规则和企业运行规则，致使运营出错或是竞赛失利；你可能会有一个小小的愿望——假如我们可以重新再来……

那么，就开动你的脑筋，拿起你的笔进行反思和总结吧！

5.1　经营分析报告

5.1.1　什么是企业经营分析报告

广义的企业经营分析报告，是指运用科学、规范的评价方法，对企业一定经营期间的资产运营、财务效益等情况进行定量及定性的分析，做出真实、客观、公正的综合评判的书面文件，是企业管理和企业经营活动评价的一个重要环节。

企业经营分析报告通常会提出、分析和尽可能地回答这样一些基本问题：企业在一定时期的经营活动取得了哪些成果？成果的绝对水平和相对水平怎样？取得成果的原因或存在问题的原因是什么？如何改进？等等。

经营分析报告按编写的内容可以划分为：①综合分析报告，即对企业整体运营状况的成果和原因进行分析评价；②专项分析报告，即对企业运营某一领域或业务流程的分析评价，如财务分析报告、销售分析报告、运营分析报告等；③项目分析报告，如针对某一新产品或促销活动的分析报告。

经营分析报告应当力争做到：结构严谨、层次清晰；主题突出、问题准确；建议可靠、有说服力；语言流畅、通顺简明；避免口语化语言和使用自己杜撰的概念。适当的图表引用，往往能够让复杂的问题简单化，使报告更加简明、易读，有说服力。

在经营分析报告中要使用统一并规范的财务指标、经营指标和计算方法，以便于交流和比较。在评价指标和数据选取上，既要反映经营成果全貌，又要突出重点，同时还要考虑数据的连续性和可比范围。

5.1.2 如何编制企业分析报告

1. 企业经营分析报告的基本格式

经营分析报告应体现"总结过去,面向未来"的思想,遵循"发现问题→分析问题→解决问题"的思路,至少应包括以下几个最基本的部分。

(1) 基本成果描述——背景介绍。

(2) 横比纵比——发现或提出问题。

(3) 财务与非财务指标的分析、分解——分析原因,揭示因果联系。

(4) 提出发展或改进建议——解决问题,支持决策。

这样的结构具有逻辑性,可以让报告为企业管理层提供更好的决策支持。

2. 经营分析报告的结构要素

经营分析报告的结构要素包括以下几项。

1) 标题

标题应简明扼要,准确反映报告的主要内容。或者通过主副标题的方式,在标题中将报告的分析期(如第×季度或××××年度等)和报告的分析对象范围予以明确,以方便文件的管理和报告使用者的阅读。

2) 报告摘要

报告摘要是对本期报告核心内容的高度浓缩,使阅读者通过摘要的阅读,只用一两分钟就能对报告的基本内容有一个大概的了解。

3) 经营概况描述

经营概况描述部分是对企业在分析期内的经营状况和成果做简要说明,对计划执行情况和主要指标完成情况进行描述,以概括地反映企业经营的基本面貌。

4) 主要指标完成情况的分析与评价

一般要对主要经营分析指标采用绝对数和相对数指标的方法,将实际指标与计划指标、本期与上年同期指标进行对比;有时还需要与历史最高水平及与同行业其他企业进行对比。通过对实际完成的异常指标值的发现、分析和评价,深入查找与分析数据异常背后的原因、存在的问题等,以便提出改进建议。

5) 建议和措施

经营分析报告是一种常规性的企业管理文件,改进管理是其重要功能之一。报告应当利用对整体情况和数据掌握的优势,针对企业内外部环境的实际,包括取得的成就或存在的问题等,有针对性地提出一些或巩固或发展或改进的建议与措施等。

有人将此归纳为"五段论",即摘要段、描述段、分析段、评价段和建议段。实际上,经营分析报告的结构设计可以是灵活的,只要能充分反映所要表达的主题就行。

5.2　素材积累

5.2.1　日常记录

　　成长在于积累。笔记是积累的一种方式，它记录了我们的发现、成长、感悟，把它们收集起来，这是我们的财富和永久的珍藏。

5.2.2　对经营规划的再思考

　　企业经营的本质是盈利，那么我们不妨从"如何盈利"入手，逐级展开以下 6 个问题的探讨。

　　(1) 利润不足是成本过高还是销售不足？

　　(2) 如果是成本太高，找出控制成本的有效方法。

　　(3) 如果是销售不足，分析是什么原因造成的。

　　(4) 如果企业所处行业已经没有利润空间，考虑尽早进行行业调整。

　　(5) 如果通过市场分析，感觉企业的细分市场不够大，则要么加大市场投入，要么重新定位。

　　(6) 如果既不是行业的问题，也不是市场的问题，那么问题应该是出在管理上，就需要细化管理，内部改进。

5.2.3　改进工作的思路

1. 扩大销售

　　(1) 提高产品和服务的质量，增加客户满意度。

　　(2) 提高附加服务。

　　(3) 市场渗透。

　　(4) 开拓新市场。

　　(5) 研发新产品、新技术。

　　(6) 加强企业品牌宣传，改善公司及产品形象。

　　(7) 集中资源重点投放。

　　(8) 并行工程。

　　(9) 扩建或改造生产设备，提高产能。

(10) 提高设备利用率。

......

2. 降低成本

(1) 消除生产过程中的一切浪费。

(2) 考虑替代料。

(3) 考虑委外、外包。

(4) 节约资源。

(5) 寻求合作。

(6) 规模化、标准化。

......

5.3 受训者总结

5.3.1 编制本企业经营分析报告(CEO 主持)

_____

_____

_____

_____

_____

_____

_____

5.3.2 各角色工作总结

_____

_____

_____

_____

_____

5.4 学习交流

5.4.1 班级实训交流

学习别人的长处，弥补自己的短处。6组派代表进行经营总结交流，不一定都是CEO，也可以是财务总监、营销总监、生产总监等不同角色。同时允许个别发言，作为补充。

指导教师进行点评与分析。

5.4.2 年级实训交流

在班级总结的基础上，选拔代表进行年级实训交流，不一定都是CEO，也可以是财务总监、营销总监、生产总监等不同角色。同时允许个别发言，作为补充。

指导教师进行点评与分析。

5.4.3 参加大赛人员心得分享

学到精彩，体会残酷

ERP沙盘大赛是通过直观的企业经营沙盘，来模拟企业运行状况，让队员在分析市场、制定战略、组织生产、整体营销和财务管理等一系列活动中体会企业经营运作中的全过程，认识到企业资源的有限性，从而深刻理解ERP的管理思想，领悟科学的管理规律，提升管理能力。同时，真切地体会市场竞争的精彩与残酷，提前感受未来的财富人生，在以后的竞争中比别人多一个筹码，多一份从容和自信。

1. 这个世界唯一不变的就是变化

曾经，有许多的ERP沙盘初学者都在苦苦思索一个问题：究竟有没有一种战略可以确保我们常胜不败呢？然而，经过无数次的实践证明，答案是否定的！没有哪一种战略可以保证我们在任何时间、任何地点战胜任何对手。ERP沙盘战略的关键在于创新和求变，这与现实生活是一脉相承的。就战略本身而言，没有好坏与强弱之分。今天，我们用此战略获得了胜利，然而，下次比赛面对不同的竞争对手，不同的市场环境，它就很有可能不再奏效。因此，我们在面临比赛制定战略时，一定要随对手和环境的变化而变化。战略，适合的才是最好的。

2. 小公司的战略就两个词：活下来，挣钱！

先求生存，再求发展，这是所有企业必须遵从的规律。企业开始运营阶段虽然有一定的权益，但并不是很高，生存能力也不是很强。因此，企业在制定发展战略时，一定要与企业的实际相结合，控制适当的发展速度。否则，大举投入，全面开花，就会使不高的权益急剧下降，财务状况严重恶化，导致企业陷入极度的困境，甚至破产。这就是关于企业发展的"度"的问题。

企业战略的核心和重点在于保证企业发展过程中，人、财、物的平衡与统一。具体而言，我们在制定战略时，既要反对裹足不前，又要反对盲目冒进，一定要考虑企业的权益和现金流状况。

3. 小企业要有大胸怀

ERP 沙盘比赛有 6 组团队参加。在比赛经营的过程中，切不可闭门造车，偏安一隅，要有竞争的意识。我们在做好自己的同时，还要密切关注对手的动态和信息，树立全局一盘棋的思想。信息，在当今的社会中，扮演着越来越重要的角色，只有知己知彼，才能百战不殆。在比赛的过程中，要注意广泛收集对手的信息，从全局的角度考虑公司的发展，真正实现信息为我所有。

4. 团队合作的基础是真诚和信任

ERP 团队合作也符合"木桶理论"，其最终成绩的取得不是取决于团队的最强者，而是取决于团队中的实力稍弱者。因此，团队的组建一定要选择最合适的人放在最合适的岗位上，把团队的效应发挥到极致。团队成员之间要彼此信任、相互理解，每个成员都要承担相应的责任，不仅要为自己的错误承担责任，也要做好准备为同伴的失误买单。领导力在顺境的时候，每个人都能显现出来，但只有在逆境的时候才是考验真正的领导力，因此，作为团队的领导者 CEO，必须具备良好的心理素质和协调能力。每个成员以宽容的心态全力以赴，才能真正组成一个和谐的、有战斗力的团队。

商场如战场，但商场不是战场。战场上只有你死才能我活，而商场上是你活着，我可以活得更强。

ERP 沙盘赛场就像是无烟的战场，但是，我们必须认识到，赛场绝不是生死的战场。在商业实战中，打败对手从来都不是一种战略。在竞赛过程中，团队之间的关系总是搞得你死我活，特别体现在组间交易上，许多企业选择了同归于尽，而不是互惠互利。其实竞争是比赛过程中的一场游戏，更是一种艺术，竞争者首要的一点是向其他竞争者学习，这样才会进步。

我们一定要怀着一种正确的心态来对待比赛，用一种竞赛的心态参与这种游戏的过程，用一种游戏的心态来看待竞争的结果。竞赛从来都不是目的，在竞赛中获益和成长，这才是精髓所在。

(盛明辉，获得 2008 年全国沙盘大赛辽宁省赛区一等奖团队的 CEO，题目为编者所加)

5.4.4　第五届"用友杯"全国大学生创业设计暨沙盘模拟经营大赛全国总决赛冠军案例

第一年长期贷款为零，短期贷款每季度贷 20M；年初购买大厂房，上 3 条柔性线；产品研发 P2、P3，第一年年末 P2 研发完毕，P3 研发 4 期；市场开拓，开发 5 个市场，即本地、区域、国内、亚洲、国际；ISO 9000 认证一期。

第二年年初长期贷款 50M，短期贷款每季度 20M 滚动；第一季度在大厂房上手工线两条，第二季度上全自动线一条，生产 P2；产品研发将剩下两期的 P3 研发完毕；市场开拓继续开发国内、亚洲、国际市场；将 ISO 9000 认证完毕。

第三年年初长期贷款 30M，短期贷款每季度 20M 滚动；租小厂房，上手工线两条；市场开拓继续开发亚洲和国际市场，认证 ISO 14000 一期。

第四年年初长期贷款 40M，短期贷款每季度 20M 滚动；继续租小厂房，在小厂房内新上一条全自动线，生产 P3；第二季开始研发 P4 产品，第四年研发 3 期；市场开拓继续开发国际市场；认证 ISO 14000 第二期。

第五年年初长期借款 30M，短期贷款每季度 20M 滚动；在继续租用的小厂房内新上手工线一条；继续研发 P4 产品 3 期。

第六年年初长期借款 50M，短期借款每季度 20M 滚动；第一季度购买小厂房，第四季度时将第一年建的 3 条柔性线和第二年建的两条手工线出售。

企业战略规划表如表 5-1 所示。

表 5-1　企业战略规划表

项目	年份							
	第一年				第二年			
	1 季度	2 季度	3 季度	4 季度	1 季度	2 季度	3 季度	4 季度
广告费	0				17M			
财务费用	0				4M			
长期贷款	0				50M(5 年)			
短期贷款	20M	20M	20M	20M	20M	20M	20M	20M
厂房	40(大)							

(续表)

项目	年份							
	第一年				第二年			
	1 季度	2 季度	3 季度	4 季度	1 季度	2 季度	3 季度	4 季度
生产线	3*5M (柔)	3*5M	3*5M	3*5M	2*5M (手工)	1*5M (自 P2)	1*5M	1*5M
产品开发	P2 P3	P2 P3	P2 P3	P2 P3	P3	P3		
市场开发	本地 区域 国内 亚洲 国际				国内 亚洲 国际			
ISO 认证	ISO 9000(一期)				ISO 9000(二期)			
权益	46M				54M			
	第三年				第四年			
	1 季度	2 季度	3 季度	4 季度	1 季度	2 季度	3 季度	4 季度
广告费	23M				27M			
财务费用	9M				12M			
长期贷款	30M(5 年)				40M(5 年)			
短期贷款	20 M	20M	20M	20M	20M	20M	20M	20M
厂房	3(租小)				3(租小)			
生产线	2*5M (手工)				1*5M (自 P3)	1*5M	1*5M	
产品开发					P4	P4	P4	
市场开发	亚洲 国际				国际			
ISO 认证	ISO 14000(一期)				ISO 14000(二期)			
权益	67M				74M			
	第五年				第六年			
	1 季度	2 季度	3 季度	4 季度	1 季度	2 季度	3 季度	4 季度
广告费	31M				48M			
财务费用	15M				19M			
长期贷款	30M(5 年)				50M(5 年)			
短期贷款	20M	20M	20M	20M	20M	20M	20M	20M
厂房	3(租小)				30(买)			
生产线		1*5M (手)						出售第一年 3 条柔性线和第二年建成的 2 条手工线
产品开发	P4	P4	P4					
市场开发								
ISO 认证								
预估权益	102M				166M			

注：该案例由辽宁工程技术大学技术与经济学院陈越、许可老师提供。

5.5　本篇小结

(1) 真正的收获与提高是在竞赛后的总结和交流。

(2) 只有能挖掘出成败背后的原因才能成为真正的赢家。

(3) 竞赛从来都不是目的，通过竞赛使大家都进行了最大的发挥，得到了最大的锻炼，这才是最有价值的。

参考文献与推荐阅读书目

[1] 刘平. 用友 ERP 企业经营沙盘模拟实训手册[M]. 第六版. 大连：东北财经大学出版社，2020.

[2] 刘平. 企业战略管理[M]. 第三版. 北京：清华大学出版社，2020.

[3] 刘平. 职业生涯导入与大学学习生活[M]. 北京：机械工业出版社，2014.

[4] 王新玲，杨宝刚. ERP 沙盘模拟高级指导教程[M]. 北京：清华大学出版社，2006.

[5] 王新玲，柯明，耿锡润. ERP 沙盘模拟学习指导书[M]. 北京：电子工业出版社，2005.

[6] 杨锡怀，冷克平，王江. 企业战略管理[M]. 第 4 版. 北京：高等教育出版社，2016.

[7] 施振荣. 再造宏基[M]. 北京：中信出版社，2005.

[8] 刘平，李坚. 创业学：理论与实践[M]. 第 3 版. 北京：清华大学出版社，2016.

[9] 刘平. 高成长企业的长赢基因[J]. 经理人，2008，(8).

[10] 刘平. 到西部去淘金[N]. 第一财经日报，2006-8-22(A2).

[11] 刘平. 战略管理的辩证法[J]. 企业管理，2005，(10): 33-34.

[12] 刘平. 以快制胜的误区[J]. 管理与财富，2006，(12): 37-39.

[13] 刘平. 新华 VS 友邦：条条大路通罗马[J]. 中外管理，2006，(5): 49-50.

[14] 刘平. 新兴寿险公司的战略选择[J]. 经理人，2006，(4): 76-77.

[15] 刘平. 智能集团不"壮士断腕"的后果[J]. 经理人，2006，(5): 96-98.

[16] 刘平. 家世界的启示[J]. 销售与市场(中旬刊)，2007，(1): 18-19.

[17] 刘平. 贝塔斯曼：满身光环的失败者[J]. 销售与市场(中旬刊)，2008，(8): 74-77.

[18] 刘平. 快速成长型企业的危机基因[J]. 中外管理，2006，(6): 56-57.

注：本书有个别段落文字引用自网络帖子，由于无法了解原文作者的真实姓名，因此，无法在参考文献名单中罗列出来，在此表示感谢。

操作记录表

操 作 记 录

F1.1 企业经营过程记录表

( )公司 CEO/CFO

说明:

➤ CEO 控制团队成员具体执行每一项操作,并在团队成员完成每一项操作后,在相应的方格内打钩。财务总监(助理)则在相应方格内画钩或叉,并只在涉及现金收支的方格中填写现金收支的具体数字。

起 始 年

企业经营流程 请按顺序执行下列各项操作。	每执行完一项操作，财务总监(助理)在相应方格内画钩或 叉，只在涉及现金收支的方格中填写现金收支的具体数字。			
新年度规划会议				
参加订货会/登记销售订单				
制订新年度计划				
支付应付税				
季初现金盘点(请填余额)				
更新短期贷款/还本付息/申请短期贷款(高利贷)				
更新应付款/归还应付款				
原材料入库/更新原料订单				
下原料订单				
更新生产/完工入库				
投资新生产线/变卖生产线/生产线转产				
向其他企业购买原材料/出售原材料				
开始下一批生产				
更新应收款/应收款收现				
出售厂房				
向其他企业购买成品/出售成品				
按订单交货				
产品研发投资				
支付行政管理费				
其他现金收支情况登记				
支付租金/购买厂房				
支付利息/更新长期贷款/申请长期贷款				
支付设备维护费				
计提折旧				( )
新市场开拓/ISO 资格认证投资				
现金收入合计				
现金支出合计				
期末现金对账(请填余额)				
结账				

订单登记表

订单号										合计
市场										
产品										
数量										
账期										
销售额										
成本										
毛利										
未售										

产品核算统计表

	P1	P2	P3	P4	合计
数量					
销售额					
成本					
毛利					

综合管理费用明细表

单位：百万元

项目	金额	备注
管理费		
广告费		
设备维护费		
租金		
转产费		
市场准入开拓		□区域　□国内　□亚洲　□国际
ISO 资格认证		□ISO 9000　□ISO 14000
产品研发		P2(　)　P3(　)　P4(　)
其他		
合计		

利润表

项目	上年数	本年数
销售收入	35	
直接成本	12	
毛利	23	
综合费用	11	
折旧前利润	12	
折旧	4	
支付利息前利润	8	
财务收入/支出	4	
其他收入/支出		
税前利润	4	
所得税	1	
净利润	3	

资产负债表

资产	期初数	期末数	负债和所有者权益	期初数	期末数
流动资产:			负债:		
现金	20		长期负债	40	
应收款	15		短期负债		
在制品	8		应付账款		
成品	6		应交税金	1	
原料	3		一年内到期的长期负债		
流动资产合计	52		负债合计	41	
固定资产:			所有者权益:		
土地和建筑	40		股东资本	50	
机器与设备	13		利润留存	11	
在建工程			年度净利	3	
固定资产合计	53		所有者权益合计	64	
资产总计	105		负债和所有者权益总计	105	

第 一 年

企业经营流程 请按顺序执行下列各项操作。	每执行完一项操作，财务总监(助理)在相应方格内画钩或叉，只在涉及现金收支的方格中填写现金收支的具体数字。			
新年度规划会议				
参加订货会/登记销售订单				
制订新年度计划				
支付应付税				
季初现金盘点(请填余额)				
更新短期贷款/还本付息/申请短期贷款(高利贷)				
更新应付款/归还应付款				
原材料入库/更新原料订单				
下原料订单				
更新生产/完工入库				
投资新生产线/变卖生产线/生产线转产				
向其他企业购买原材料/出售原材料				
开始下一批生产				
更新应收款/应收款收现				
出售厂房				
向其他企业购买成品/出售成品				
按订单交货				
产品研发投资				
支付行政管理费				
其他现金收支情况登记				
支付租金/购买厂房				
支付利息/更新长期贷款/申请长期贷款				
支付设备维护费				
计提折旧				( )
新市场开拓/ISO 资格认证投资				
现金收入合计				
现金支出合计				
期末现金对账(请填余额)				
结账				

现金预算表

	1	2	3	4
期初库存现金				
支付上年应交税				
市场广告投入				
贴现费用				
利息(短期贷款)				
支付到期短期贷款				
原料采购支付现金				
转产费用				
生产线投资				
工人工资				
产品研发投资				
收到现金前的所有支出				
应收款到期				
支付管理费用				
租金				
购买新建筑				
利息(长期贷款)				
支付到期长期贷款				
设备维护费用				
市场开拓投资				
ISO 认证投资				
其他				
库存现金余额				

要点记录

第一季度: _____

第二季度: _____

第三季度: _____

第四季度: _____

年底小结: _____

_____

订单登记表

订单号										合计
市场										
产品										
数量										
账期										
销售额										
成本										
毛利										
未售										

产品核算统计表

	P1	P2	P3	P4	合计
数量					
销售额					
成本					
毛利					

综合管理费用明细表

单位：百万元

项目	金额	备注
管理费		
广告费		
设备维护费		
租金		
转产费		
市场准入开拓		□区域　　□国内　　□亚洲　　□国际
ISO 资格认证		□ISO 9000　　　□ISO 14000
产品研发		P2(　　) P3(　　) P4(　　)
其他		
合计		

利润表

项目	上年数	本年数
销售收入		
直接成本		
毛利		
综合费用		
折旧前利润		
折旧		
支付利息前利润		
财务收入/支出		
其他收入/支出		
税前利润		
所得税		
净利润		

资产负债表

资产	期初数	期末数	负债和所有者权益	期初数	期末数
流动资产:			负债:		
现金			长期负债		
应收款			短期负债		
在制品			应付账款		
成品			应交税金		
原料			一年内到期的长期负债		
流动资产合计			负债合计		
固定资产:			所有者权益:		
土地和建筑			股东资本		
机器与设备			利润留存		
在建工程			年度净利		
固定资产合计			所有者权益合计		
资产总计			负债和所有者权益总计		

第 二 年

企业经营流程 请按顺序执行下列各项操作。	每执行完一项操作，财务总监(助理)在相应方格内画钩或叉， 只在涉及现金收支的方格中填写现金收支的具体数字。			
新年度规划会议				
参加订货会/登记销售订单				
制订新年度计划				
支付应付税				
季初现金盘点(请填余额)				
更新短期贷款/还本付息/申请短期贷款(高利贷)				
更新应付款/归还应付款				
原材料入库/更新原料订单				
下原料订单				
更新生产/完工入库				
投资新生产线/变卖生产线/生产线转产				
向其他企业购买原材料/出售原材料				
开始下一批生产				
更新应收款/应收款收现				
出售厂房				
向其他企业购买成品/出售成品				
按订单交货				
产品研发投资				
支付行政管理费				
其他现金收支情况登记				
支付租金/购买厂房				
支付利息/更新长期贷款/申请长期贷款				
支付设备维护费				
计提折旧				(　)
新市场开拓/ISO 资格认证投资				
现金收入合计				
现金支出合计				
期末现金对账(请填余额)				
结账				

现金预算表

	1	2	3	4
期初库存现金				
支付上年应交税				
市场广告投入				
贴现费用				
利息(短期贷款)				
支付到期短期贷款				
原料采购支付现金				
转产费用				
生产线投资				
工人工资				
产品研发投资				
收到现金前的所有支出				
应收款到期				
支付管理费用				
租金				
购买新建筑				
利息(长期贷款)				
支付到期长期贷款				
设备维护费用				
市场开拓投资				
ISO 认证投资				
其他				
库存现金余额				

要点记录

第一季度：_____

第二季度：_____

第三季度：_____

第四季度：_____

年底小结：_____

_____

订单登记表

订单号									合计
市场									
产品									
数量									
账期									
销售额									
成本									
毛利									
未售									

产品核算统计表

	P1	P2	P3	P4	合计
数量					
销售额					
成本					
毛利					

综合管理费用明细表

单位：百万元

项目	金额	备注
管理费		
广告费		
设备维护费		
租金		
转产费		
市场准入开拓		□区域　　□国内　　□亚洲　　□国际
ISO 资格认证		□ISO 9000　　□ISO 14000
产品研发		P2(　　) P3(　　) P4(　　)
其他		
合计		

利润表

项目	上年数	本年数
销售收入		
直接成本		
毛利		
综合费用		
折旧前利润		
折旧		
支付利息前利润		
财务收入/支出		
其他收入/支出		
税前利润		
所得税		
净利润		

资产负债表

资产	期初数	期末数	负债和所有者权益	期初数	期末数
流动资产:			负债:		
现金			长期负债		
应收款			短期负债		
在制品			应付账款		
成品			应交税金		
原料			一年内到期的长期负债		
流动资产合计			负债合计		
固定资产:			所有者权益:		
土地和建筑			股东资本		
机器与设备			利润留存		
在建工程			年度净利		
固定资产合计			所有者权益合计		
资产总计			负债和所有者权益总计		

第 三 年

企业经营流程 请按顺序执行下列各项操作。	每执行完一项操作，财务总监(助理)在相应方格内画钩或叉，只在涉及现金收支的方格中填写现金收支的具体数字。			
新年度规划会议				
参加订货会/登记销售订单				
制订新年度计划				
支付应付税				
季初现金盘点(请填余额)				
更新短期贷款/还本付息/申请短期贷款(高利贷)				
更新应付款/归还应付款				
原材料入库/更新原料订单				
下原料订单				
更新生产/完工入库				
投资新生产线/变卖生产线/生产线转产				
向其他企业购买原材料/出售原材料				
开始下一批生产				
更新应收款/应收款收现				
出售厂房				
向其他企业购买成品/出售成品				
按订单交货				
产品研发投资				
支付行政管理费				
其他现金收支情况登记				
支付租金/购买厂房				
支付利息/更新长期贷款/申请长期贷款				
支付设备维护费				
计提折旧				( )
新市场开拓/ISO 资格认证投资				
现金收入合计				
现金支出合计				
期末现金对账(请填余额)				
结账				

现金预算表

	1	2	3	4
期初库存现金				
支付上年应交税				
市场广告投入				
贴现费用				
利息(短期贷款)				
支付到期短期贷款				
原料采购支付现金				
转产费用				
生产线投资				
工人工资				
产品研发投资				
收到现金前的所有支出				
应收款到期				
支付管理费用				
租金				
购买新建筑				
利息(长期贷款)				
支付到期长期贷款				
设备维护费用				
市场开拓投资				
ISO 认证投资				
其他				
库存现金余额				

要点记录

第一季度: _____

第二季度: _____

第三季度: _____

第四季度: _____

年底小结: _____

_____

订单登记表

订单号										合计
市场										
产品										
数量										
账期										
销售额										
成本										
毛利										
未售										

产品核算统计表

	P1	P2	P3	P4	合计
数量					
销售额					
成本					
毛利					

综合管理费用明细表

单位：百万元

项目	金额	备注
管理费		
广告费		
设备维护费		
租金		
转产费		
市场准入开拓		☐区域　　☐国内　　☐亚洲　　☐国际
ISO 资格认证		☐ISO 9000　　☐ISO 14000
产品研发		P2(　　) P3(　　) P4(　　)
其他		
合计		

利润表

项目	上年数	本年数
销售收入		
直接成本		
毛利		
综合费用		
折旧前利润		
折旧		
支付利息前利润		
财务收入/支出		
其他收入/支出		
税前利润		
所得税		
净利润		

资产负债表

资产	期初数	期末数	负债和所有者权益	期初数	期末数
流动资产：			负债：		
现金			长期负债		
应收款			短期负债		
在制品			应付账款		
成品			应交税金		
原料			一年内到期的长期负债		
流动资产合计			负债合计		
固定资产：			所有者权益：		
土地和建筑			股东资本		
机器与设备			利润留存		
在建工程			年度净利		
固定资产合计			所有者权益合计		
资产总计			负债和所有者权益总计		

第 四 年

企业经营流程 请按顺序执行下列各项操作。	每执行完一项操作，财务总监(助理)在相应方格内画钩或叉，只在涉及现金收支的方格中填写现金收支的具体数字。			
新年度规划会议				
参加订货会/登记销售订单				
制订新年度计划				
支付应付税				
季初现金盘点(请填余额)				
更新短期贷款/还本付息/申请短期贷款(高利贷)				
更新应付款/归还应付款				
原材料入库/更新原料订单				
下原料订单				
更新生产/完工入库				
投资新生产线/变卖生产线/生产线转产				
向其他企业购买原材料/出售原材料				
开始下一批生产				
更新应收款/应收款收现				
出售厂房				
向其他企业购买成品/出售成品				
按订单交货				
产品研发投资				
支付行政管理费				
其他现金收支情况登记				
支付租金/购买厂房				
支付利息/更新长期贷款/申请长期贷款				
支付设备维护费				
计提折旧				( )
新市场开拓/ISO 资格认证投资				
现金收入合计				
现金支出合计				
期末现金对账(请填余额)				
结账				

现金预算表

	1	2	3	4
期初库存现金				
支付上年应交税				
市场广告投入				
贴现费用				
利息(短期贷款)				
支付到期短期贷款				
原料采购支付现金				
转产费用				
生产线投资				
工人工资				
产品研发投资				
收到现金前的所有支出				
应收款到期				
支付管理费用				
租金				
购买新建筑				
利息(长期贷款)				
支付到期长期贷款				
设备维护费用				
市场开拓投资				
ISO 认证投资				
其他				
库存现金余额				

要点记录

第一季度：_____

第二季度：_____

第三季度：_____

第四季度：_____

年底小结：_____

_____

订单登记表

订单号										合计
市场										
产品										
数量										
账期										
销售额										
成本										
毛利										
未售										

产品核算统计表

	P1	P2	P3	P4	合计
数量					
销售额					
成本					
毛利					

综合管理费用明细表

单位：百万元

项目	金额	备注
管理费		
广告费		
设备维护费		
租金		
转产费		
市场准入开拓		□区域 □国内 □亚洲 □国际
ISO 资格认证		□ISO 9000 □ISO 14000
产品研发		P2( ) P3( ) P4( )
其他		
合计		

利润表

项目	上年数	本年数
销售收入		
直接成本		
毛利		
综合费用		
折旧前利润		
折旧		
支付利息前利润		
财务收入/支出		
其他收入/支出		
税前利润		
所得税		
净利润		

资产负债表

资产	期初数	期末数	负债和所有者权益	期初数	期末数
流动资产:			负债:		
现金			长期负债		
应收款			短期负债		
在制品			应付账款		
成品			应交税金		
原料			一年内到期的长期负债		
流动资产合计			负债合计		
固定资产:			所有者权益:		
土地和建筑			股东资本		
机器与设备			利润留存		
在建工程			年度净利		
固定资产合计			所有者权益合计		
资产总计			负债和所有者权益总计		

第 五 年

企业经营流程 请按顺序执行下列各项操作。	每执行完一项操作，财务总监(助理)在相应方格内画钩或叉，只在涉及现金收支的方格中填写现金收支的具体数字。			
新年度规划会议				
参加订货会/登记销售订单				
制订新年度计划				
支付应付税				
季初现金盘点(请填余额)				
更新短期贷款/还本付息/申请短期贷款(高利贷)				
更新应付款/归还应付款				
原材料入库/更新原料订单				
下原料订单				
更新生产/完工入库				
投资新生产线/变卖生产线/生产线转产				
向其他企业购买原材料/出售原材料				
开始下一批生产				
更新应收款/应收款收现				
出售厂房				
向其他企业购买成品/出售成品				
按订单交货				
产品研发投资				
支付行政管理费				
其他现金收支情况登记				
支付租金/购买厂房				
支付利息/更新长期贷款/申请长期贷款				
支付设备维护费				
计提折旧				( )
新市场开拓/ISO资格认证投资				
现金收入合计				
现金支出合计				
期末现金对账(请填余额)				
结账				

现金预算表

	1	2	3	4
期初库存现金				
支付上年应交税				
市场广告投入				
贴现费用				
利息(短期贷款)				
支付到期短期贷款				
原料采购支付现金				
转产费用				
生产线投资				
工人工资				
产品研发投资				
收到现金前的所有支出				
应收款到期				
支付管理费用				
租金				
购买新建筑				
利息(长期贷款)				
支付到期长期贷款				
设备维护费用				
市场开拓投资				
ISO 认证投资				
其他				
库存现金余额				

要点记录

第一季度：＿＿＿＿＿＿＿＿＿＿＿＿＿＿＿＿＿＿＿＿＿＿＿＿＿＿＿＿

第二季度：＿＿＿＿＿＿＿＿＿＿＿＿＿＿＿＿＿＿＿＿＿＿＿＿＿＿＿＿

第三季度：＿＿＿＿＿＿＿＿＿＿＿＿＿＿＿＿＿＿＿＿＿＿＿＿＿＿＿＿

第四季度：＿＿＿＿＿＿＿＿＿＿＿＿＿＿＿＿＿＿＿＿＿＿＿＿＿＿＿＿

年底小结：＿＿＿＿＿＿＿＿＿＿＿＿＿＿＿＿＿＿＿＿＿＿＿＿＿＿＿＿

＿＿＿＿＿＿＿＿＿＿＿＿＿＿＿＿＿＿＿＿＿＿＿＿＿＿＿＿＿＿＿＿＿＿＿

订单登记表

订单号										合计
市场										
产品										
数量										
账期										
销售额										
成本										
毛利										
未售										

产品核算统计表

	P1	P2	P3	P4	合计
数量					
销售额					
成本					
毛利					

综合管理费用明细表

单位：百万元

项目	金额	备注
管理费		
广告费		
设备维护费		
租金		
转产费		
市场准入开拓		□区域 □国内 □亚洲 □国际
ISO 资格认证		□ISO 9000 □ISO 14000
产品研发		P2( ) P3( ) P4( )
其他		
合计		

利润表

项目	上年数	本年数
销售收入		
直接成本		
毛利		
综合费用		
折旧前利润		
折旧		
支付利息前利润		
财务收入/支出		
其他收入/支出		
税前利润		
所得税		
净利润		

资产负债表

资产	期初数	期末数	负债和所有者权益	期初数	期末数
流动资产:			负债:		
现金			长期负债		
应收款			短期负债		
在制品			应付账款		
成品			应交税金		
原料			一年内到期的长期负债		
流动资产合计			负债合计		
固定资产:			所有者权益:		
土地和建筑			股东资本		
机器与设备			利润留存		
在建工程			年度净利		
固定资产合计			所有者权益合计		
资产总计			负债和所有者权益总计		

第 六 年

企业经营流程 请按顺序执行下列各项操作。	每执行完一项操作，财务总监(助理)在相应方格内画钩或叉， 只在涉及现金收支的方格中填写现金收支的具体数字。			
新年度规划会议				
参加订货会/登记销售订单				
制订新年度计划				
支付应付税				
季初现金盘点(请填余额)				
更新短期贷款/还本付息/申请短期贷款(高利贷)				
更新应付款/归还应付款				
原材料入库/更新原料订单				
下原料订单				
更新生产/完工入库				
投资新生产线/变卖生产线/生产线转产				
向其他企业购买原材料/出售原材料				
开始下一批生产				
更新应收款/应收款收现				
出售厂房				
向其他企业购买成品/出售成品				
按订单交货				
产品研发投资				
支付行政管理费				
其他现金收支情况登记				
支付租金/购买厂房				
支付利息/更新长期贷款/申请长期贷款				
支付设备维护费				
计提折旧			(	)
新市场开拓/ISO 资格认证投资				
现金收入合计				
现金支出合计				
期末现金对账(请填余额)				
结账				

现金预算表

	1	2	3	4
期初库存现金				
支付上年应交税				
市场广告投入				
贴现费用				
利息(短期贷款)				
支付到期短期贷款				
原料采购支付现金				
转产费用				
生产线投资				
工人工资				
产品研发投资				
收到现金前的所有支出				
应收款到期				
支付管理费用				
租金				
购买新建筑				
利息(长期贷款)				
支付到期长期贷款				
设备维护费用				
市场开拓投资				
ISO 认证投资				
其他				
库存现金余额				

要点记录

第一季度: _____

第二季度: _____

第三季度: _____

第四季度: _____

年底小结: _____

_____

订单登记表

订单号										合计
市场										
产品										
数量										
账期										
销售额										
成本										
毛利										
未售										

产品核算统计表

	P1	P2	P3	P4	合计
数量					
销售额					
成本					
毛利					

综合管理费用明细表

单位：百万元

项目	金额	备注
管理费		
广告费		
设备维护费		
租金		
转产费		
市场准入开拓		□区域　　□国内　　□亚洲　　□国际
ISO 资格认证		□ISO 9000　　　□ISO 14000
产品研发		P2(　　)　P3(　　)　P4(　　)
其他		
合计		

利润表

项目	上年数	本年数
销售收入		
直接成本		
毛利		
综合费用		
折旧前利润		
折旧		
支付利息前利润		
财务收入/支出		
其他收入/支出		
税前利润		
所得税		
净利润		

资产负债表

资产	期初数	期末数	负债和所有者权益	期初数	期末数
流动资产：			负债：		
现金			长期负债		
应收款			短期负债		
在制品			应付账款		
成品			应交税金		
原料			一年内到期的长期负债		
流动资产合计			负债合计		
固定资产：			所有者权益：		
土地和建筑			股东资本		
机器与设备			利润留存		
在建工程			年度净利		
固定资产合计			所有者权益合计		
资产总计			负债和所有者权益总计		

公司贷款申请表

贷款类		1 年				2 年				3 年				4 年				5 年				6 年			
		1	2	3	4	1	2	3	4	1	2	3	4	1	2	3	4	1	2	3	4	1	2	3	4
短贷	借																								
	还																								
高利贷	借																								
	还																								
短贷余额																									
监督员签字																									
长贷	借																								
	还																								
长贷余额																									
上年权益																									
监督员签字																									

F1.2 企业经营过程记录表

( )公司营销总监

起 始 年

企业经营流程 请按顺序执行下列各项操作。	每执行完一项相关操作,营销总监(助理)应在方格中填写产成品增减和销售情况。															
新年度规划会议																
参加订货会/登记销售订单																
制订新年度计划																
支付应付税																
	一季度				二季度				三季度				四季度			
产成品库存台账	P1	P2	P3	P4	P1	P2	P3	P4	P1	P2	P3	P4	P1	P2	P3	P4
期初产成品盘点(请填余额)																
更新短期贷款/还本付息/申请短期贷款(高利贷)																
更新应付款/归还应付款																
原材料入库/更新原料订单																
下原料订单																
更新生产/完工入库																
投资新生产线/变卖生产线/生产线转产																
向其他企业购买原材料/出售原材料																
开始下一批生产																
更新应收款/应收款收现																
出售厂房																
向其他企业购买成品/出售成品																
按订单交货																
产品研发投资																
支付行政管理费																
其他现金收支情况登记																
支付租金/购买厂房																
支付利息/更新长期贷款/申请长期贷款																
支付设备维护费																
计提折旧													(	)		
新市场开拓/ISO 资格认证投资																
产成品入库合计																
产成品出库合计																
期末产成品对账(请填余额)																
结账																

第 一 年

企业经营流程 请按顺序执行下列各项操作。	每执行完一项相关操作，营销总监(助理)应在方格中填写产成品增减和销售情况。															
新年度规划会议																
参加订货会/登记销售订单																
制订新年度计划																
支付应付税																
	一季度				二季度				三季度				四季度			
产成品库存台账	P1	P2	P3	P4	P1	P2	P3	P4	P1	P2	P3	P4	P1	P2	P3	P4
期初产成品盘点(请填余额)																
更新短期贷款/还本付息/申请短期贷款(高利贷)																
更新应付款/归还应付款																
原材料入库/更新原料订单																
下原料订单																
更新生产/完工入库																
投资新生产线/变卖生产线/生产线转产																
向其他企业购买原材料/出售原材料																
开始下一批生产																
更新应收款/应收款收现																
出售厂房																
向其他企业购买成品/出售成品																
按订单交货																
产品研发投资																
支付行政管理费																
其他现金收支情况登记																
支付租金/购买厂房																
支付利息/更新长期贷款/申请长期贷款																
支付设备维护费																
计提折旧												(	)			
新市场开拓/ISO 资格认证投资																
产成品入库合计																
产成品出库合计																
期末产成品对账(请填余额)																
结账																

第 二 年

企业经营流程 请按顺序执行下列各项操作。	每执行完一项相关操作，营销总监(助理)应在方格中填写产成品增减和销售情况。															
新年度规划会议																
参加订货会/登记销售订单																
制订新年度计划																
支付应付税																
	一季度				二季度				三季度				四季度			
产成品库存台账	P1	P2	P3	P4	P1	P2	P3	P4	P1	P2	P3	P4	P1	P2	P3	P4
期初产成品盘点(请填余额)																
更新短期贷款/还本付息/申请短期贷款(高利贷)																
更新应付款/归还应付款																
原材料入库/更新原料订单																
下原料订单																
更新生产/完工入库																
投资新生产线/变卖生产线/生产线转产																
向其他企业购买原材料/出售原材料																
开始下一批生产																
更新应收款/应收款收现																
出售厂房																
向其他企业购买成品/出售成品																
按订单交货																
产品研发投资																
支付行政管理费																
其他现金收支情况登记																
支付租金/购买厂房																
支付利息/更新长期贷款/申请长期贷款																
支付设备维护费																
计提折旧													(		)	
新市场开拓/ISO资格认证投资																
产成品入库合计																
产成品出库合计																
期末产成品对账(请填余额)																
结账																

第 三 年

企业经营流程 请按顺序执行下列各项操作。	每执行完一项相关操作，营销总监(助理)应在方格中填写产成品增减和销售情况。																
新年度规划会议																
参加订货会/登记销售订单																
制订新年度计划																
支付应付税																
	一季度				二季度				三季度				四季度			
产成品库存台账	P1	P2	P3	P4	P1	P2	P3	P4	P1	P2	P3	P4	P1	P2	P3	P4
期初产成品盘点(请填余额)																
更新短期贷款/还本付息/申请短期贷款 (高利贷)																
更新应付款/归还应付款																
原材料入库/更新原料订单																
下原料订单																
更新生产/完工入库																
投资新生产线/变卖生产线/生产线转产																
向其他企业购买原材料/出售原材料																
开始下一批生产																
更新应收款/应收款收现																
出售厂房																
向其他企业购买成品/出售成品																
按订单交货																
产品研发投资																
支付行政管理费																
其他现金收支情况登记																
支付租金/购买厂房																
支付利息/更新长期贷款/申请长期贷款																
支付设备维护费																
计提折旧													(			)
新市场开拓/ISO 资格认证投资																
产成品入库合计																
产成品出库合计																
期末产成品对账(请填余额)																
结账																

第 四 年

企业经营流程 请按顺序执行下列各项操作。	每执行完一项相关操作，营销总监(助理)应在方格中填写产成品增减和销售情况。															
新年度规划会议																
参加订货会/登记销售订单																
制订新年度计划																
支付应付税																
	一季度				二季度				三季度				四季度			
产成品库存台账	P1	P2	P3	P4	P1	P2	P3	P4	P1	P2	P3	P4	P1	P2	P3	P4
期初产成品盘点(请填余额)																
更新短期贷款/还本付息/申请短期贷款 (高利贷)																
更新应付款/归还应付款																
原材料入库/更新原料订单																
下原料订单																
更新生产/完工入库																
投资新生产线/变卖生产线/生产线转产																
向其他企业购买原材料/出售原材料																
开始下一批生产																
更新应收款/应收款收现																
出售厂房																
向其他企业购买成品/出售成品																
按订单交货																
产品研发投资																
支付行政管理费																
其他现金收支情况登记																
支付租金/购买厂房																
支付利息/更新长期贷款/申请长期贷款																
支付设备维护费																
计提折旧												(	)			
新市场开拓/ISO 资格认证投资																
产成品入库合计																
产成品出库合计																
期末产成品对账(请填余额)																
结账																

第 五 年

企业经营流程 请按顺序执行下列各项操作。	每执行完一项相关操作，营销总监(助理)应在方格中填写产成品增减和销售情况。															
新年度规划会议																
参加订货会/登记销售订单																
制订新年度计划																
支付应付税																
	一季度				二季度				三季度				四季度			
产成品库存台账	P1	P2	P3	P4	P1	P2	P3	P4	P1	P2	P3	P4	P1	P2	P3	P4
期初产成品盘点(请填余额)																
更新短期贷款/还本付息/申请短期贷款(高利贷)																
更新应付款/归还应付款																
原材料入库/更新原料订单																
下原料订单																
更新生产/完工入库																
投资新生产线/变卖生产线/生产线转产																
向其他企业购买原材料/出售原材料																
开始下一批生产																
更新应收款/应收款收现																
出售厂房																
向其他企业购买成品/出售成品																
按订单交货																
产品研发投资																
支付行政管理费																
其他现金收支情况登记																
支付租金/购买厂房																
支付利息/更新长期贷款/申请长期贷款																
支付设备维护费																
计提折旧													(			)
新市场开拓/ISO 资格认证投资																
产成品入库合计																
产成品出库合计																
期末产成品对账(请填余额)																
结账																

第 六 年

企业经营流程 请按顺序执行下列各项操作。	每执行完一项相关操作，营销总监(助理)应在方格中填写产成品增减和销售情况。															
新年度规划会议																
参加订货会/登记销售订单																
制订新年度计划																
支付应付税																
	一季度				二季度				三季度				四季度			
产成品库存台账	P1	P2	P3	P4	P1	P2	P3	P4	P1	P2	P3	P4	P1	P2	P3	P4
期初产成品盘点(请填余额)																
更新短期贷款/还本付息/申请短期贷款(高利贷)																
更新应付款/归还应付款																
原材料入库/更新原料订单																
下原料订单																
更新生产/完工入库																
投资新生产线/变卖生产线/生产线转产																
向其他企业购买原材料/出售原材料																
开始下一批生产																
更新应收款/应收款收现																
出售厂房																
向其他企业购买成品/出售成品																
按订单交货																
产品研发投资																
支付行政管理费																
其他现金收支情况登记																
支付租金/购买厂房																
支付利息/更新长期贷款/申请长期贷款																
支付设备维护费																
计提折旧													(	)		
新市场开拓/ISO 资格认证投资																
产成品入库合计																
产成品出库合计																
期末产成品对账(请填余额)																
结账																

(　　　　　)公司广告报价单

第一年本地				第二年本地				第三年本地				第四年本地				第五年本地				第六年本地			
产品	广告	9K	14K	产品	广告	9K	14K	产品	广告	9K	14K	产品	广告	9K	14K	产品	广告	9K	14K	产品	广告	9K	14K
P1				P1				P1				P1				P1				P1			
P2				P2				P2				P2				P2				P2			
P3				P3				P3				P3				P3				P3			
P4				P4				P4				P4				P4				P4			

第一年区域				第二年区域				第三年区域				第四年区域				第五年区域				第六年区域			
产品	广告	9K	14K	产品	广告	9K	14K	产品	广告	9K	14K	产品	广告	9K	14K	产品	广告	9K	14K	产品	广告	9K	14K
P1				P1				P1				P1				P1				P1			
P2				P2				P2				P2				P2				P2			
P3				P3				P3				P3				P3				P3			
P4				P4				P4				P4				P4				P4			

第一年国内				第二年国内				第三年国内				第四年国内				第五年国内				第六年国内			
产品	广告	9K	14K	产品	广告	9K	14K	产品	广告	9K	14K	产品	广告	9K	14K	产品	广告	9K	14K	产品	广告	9K	14K
P1				P1				P1				P1				P1				P1			
P2				P2				P2				P2				P2				P2			
P3				P3				P3				P3				P3				P3			
P4				P4				P4				P4				P4				P4			

第一年亚洲				第二年亚洲				第三年亚洲				第四年亚洲				第五年亚洲				第六年亚洲			
产品	广告	9K	14K	产品	广告	9K	14K	产品	广告	9K	14K	产品	广告	9K	14K	产品	广告	9K	14K	产品	广告	9K	14K
P1				P1				P1				P1				P1				P1			
P2				P2				P2				P2				P2				P2			
P3				P3				P3				P3				P3				P3			
P4				P4				P4				P4				P4				P4			

第一年国际				第二年国际				第三年国际				第四年国际				第五年国际				第六年国际			
产品	广告	9K	14K	产品	广告	9K	14K	产品	广告	9K	14K	产品	广告	9K	14K	产品	广告	9K	14K	产品	广告	9K	14K
P1				P1				P1				P1				P1				P1			
P2				P2				P2				P2				P2				P2			
P3				P3				P3				P3				P3				P3			
P4				P4				P4				P4				P4				P4			

F1.3 企业经营过程记录表

( )公司生产/技术总监

起 始 年

企业经营流程 请按顺序执行下列各项操作。	每执行完一项相关操作,生产总监(助理)应在方格中填写在制品生产和产品研发投资情况。															
新年度规划会议																
参加订货会/登记销售订单																
制订新年度计划																
支付应付税																
	一季度				二季度				三季度				四季度			
在制品台账	P1	P2	P3	P4	P1	P2	P3	P4	P1	P2	P3	P4	P1	P2	P3	P4
期初在制品盘点(请填余额)																
更新短期贷款/还本付息/申请短期贷款(高利贷)																
更新应付款/归还应付款																
原材料入库/更新原料订单																
下原料订单																
更新生产/完工入库																
投资新生产线/变卖生产线/生产线转产																
向其他企业购买原材料/出售原材料																
开始下一批生产																
更新应收款/应收款收现																
出售厂房																
向其他企业购买成品/出售成品																
按订单交货																
产品研发投资																
支付行政管理费																
其他现金收支情况登记																
支付租金/购买厂房																
支付利息/更新长期贷款/申请长期贷款																
支付设备维护费																
计提折旧																
新市场开拓/ISO资格认证投资																
在制品上线合计																
在制品下线合计																
期末在制品对账(请填余额)																
结账																

第 一 年

企业经营流程 请按顺序执行下列各项操作。	每执行完一项相关操作，生产总监(助理)应在方格中填写在制品生产和产品研发投资情况。															
新年度规划会议																
参加订货会/登记销售订单																
制订新年度计划																
支付应付税																
	一季度				二季度				三季度				四季度			
在制品台账	P1	P2	P3	P4	P1	P2	P3	P4	P1	P2	P3	P4	P1	P2	P3	P4
期初在制品盘点(请填余额)																
更新短期贷款/还本付息/申请短期贷款(高利贷)																
更新应付款/归还应付款																
原材料入库/更新原料订单																
下原料订单																
更新生产/完工入库																
投资新生产线/变卖生产线/生产线转产																
向其他企业购买原材料/出售原材料																
开始下一批生产																
更新应收款/应收款收现																
出售厂房																
向其他企业购买成品/出售成品																
按订单交货																
产品研发投资																
支付行政管理费																
其他现金收支情况登记																
支付租金/购买厂房																
支付利息/更新长期贷款/申请长期贷款																
支付设备维护费																
计提折旧																
新市场开拓/ISO资格认证投资																
在制品上线合计																
在制品下线合计																
期末在制品对账(请填余额)																
结账																

第 二 年

企业经营流程 请按顺序执行下列各项操作。	每执行完一项相关操作，生产总监(助理)应在方格中填写在制品生产和产品研发投资情况。															
新年度规划会议																
参加订货会/登记销售订单																
制订新年度计划																
支付应付税																
	一季度				二季度				三季度				四季度			
在制品台账	P1	P2	P3	P4	P1	P2	P3	P4	P1	P2	P3	P4	P1	P2	P3	P4
期初在制品盘点(请填余额)																
更新短期贷款/还本付息/申请短期贷款(高利贷)																
更新应付款/归还应付款																
原材料入库/更新原料订单																
下原料订单																
更新生产/完工入库																
投资新生产线/变卖生产线/生产线转产																
向其他企业购买原材料/出售原材料																
开始下一批生产																
更新应收款/应收款收现																
出售厂房																
向其他企业购买成品/出售成品																
按订单交货																
产品研发投资																
支付行政管理费																
其他现金收支情况登记																
支付租金/购买厂房																
支付利息/更新长期贷款/申请长期贷款																
支付设备维护费																
计提折旧																
新市场开拓/ISO 资格认证投资																
在制品上线合计																
在制品下线合计																
期末在制品对账(请填余额)																
结账																

第 三 年

企业经营流程 请按顺序执行下列各项操作。	每执行完一项相关操作，生产总监(助理)应在方格中填写在制品生产和产品研发投资情况。

	一季度				二季度				三季度				四季度			
新年度规划会议																
参加订货会/登记销售订单																
制订新年度计划																
支付应付税																
在制品台账	P1	P2	P3	P4	P1	P2	P3	P4	P1	P2	P3	P4	P1	P2	P3	P4
期初在制品盘点(请填余额)																
更新短期贷款/还本付息/申请短期贷款(高利贷)																
更新应付款/归还应付款																
原材料入库/更新原料订单																
下原料订单																
更新生产/完工入库																
投资新生产线/变卖生产线/生产线转产																
向其他企业购买原材料/出售原材料																
开始下一批生产																
更新应收款/应收款收现																
出售厂房																
向其他企业购买成品/出售成品																
按订单交货																
产品研发投资																
支付行政管理费																
其他现金收支情况登记																
支付租金/购买厂房																
支付利息/更新长期贷款/申请长期贷款																
支付设备维护费																
计提折旧																
新市场开拓/ISO 资格认证投资																
在制品上线合计																
在制品下线合计																
期末在制品对账(请填余额)																
结账																

第 四 年

企业经营流程 请按顺序执行下列各项操作。	每执行完一项相关操作，生产总监(助理)应在方格中填写在制品生产和产品研发投资情况。															
新年度规划会议																
参加订货会/登记销售订单																
制订新年度计划																
支付应付税																

	一季度				二季度				三季度				四季度			
在制品台账	P1	P2	P3	P4	P1	P2	P3	P4	P1	P2	P3	P4	P1	P2	P3	P4
期初在制品盘点(请填余额)																
更新短期贷款/还本付息/申请短期贷款(高利贷)																
更新应付款/归还应付款																
原材料入库/更新原料订单																
下原料订单																
更新生产/完工入库																
投资新生产线/变卖生产线/生产线转产																
向其他企业购买原材料/出售原材料																
开始下一批生产																
更新应收款/应收款收现																
出售厂房																
向其他企业购买成品/出售成品																
按订单交货																
产品研发投资																
支付行政管理费																
其他现金收支情况登记																
支付租金/购买厂房																
支付利息/更新长期贷款/申请长期贷款																
支付设备维护费																
计提折旧																
新市场开拓/ISO 资格认证投资																
在制品上线合计																
在制品下线合计																
期末在制品对账(请填余额)																
结账																

第 五 年

企业经营流程 请按顺序执行下列各项操作。	每执行完一项相关操作，生产总监(助理)应在方格中填写在制品生产和产品研发投资情况。															
新年度规划会议																
参加订货会/登记销售订单																
制订新年度计划																
支付应付税																
	一季度				二季度				三季度				四季度			
在制品台账	P1	P2	P3	P4	P1	P2	P3	P4	P1	P2	P3	P4	P1	P2	P3	P4
期初在制品盘点(请填余额)																
更新短期贷款/还本付息/申请短期贷款(高利贷)																
更新应付款/归还应付款																
原材料入库/更新原料订单																
下原料订单																
更新生产/完工入库																
投资新生产线/变卖生产线/生产线转产																
向其他企业购买原材料/出售原材料																
开始下一批生产																
更新应收款/应收款收现																
出售厂房																
向其他企业购买成品/出售成品																
按订单交货																
产品研发投资																
支付行政管理费																
其他现金收支情况登记																
支付租金/购买厂房																
支付利息/更新长期贷款/申请长期贷款																
支付设备维护费																
计提折旧																
新市场开拓/ISO 资格认证投资																
在制品上线合计																
在制品下线合计																
期末在制品对账(请填余额)																
结账																

第 六 年

企业经营流程 请按顺序执行下列各项操作。	每执行完一项相关操作，生产总监(助理)应在方格中填写在制品生产和产品研发投资情况。																
新年度规划会议																
参加订货会/登记销售订单																
制订新年度计划																
支付应付税																
	一季度				二季度				三季度				四季度			
在制品台账	P1	P2	P3	P4	P1	P2	P3	P4	P1	P2	P3	P4	P1	P2	P3	P4
期初在制品盘点(请填余额)																
更新短期贷款/还本付息/申请短期贷款(高利贷)																
更新应付款/归还应付款																
原材料入库/更新原料订单																
下原料订单																
更新生产/完工入库																
投资新生产线/变卖生产线/生产线转产																
向其他企业购买原材料/出售原材料																
开始下一批生产																
更新应收款/应收款收现																
出售厂房																
向其他企业购买成品/出售成品																
按订单交货																
产品研发投资																
支付行政管理费																
其他现金收支情况登记																
支付租金/购买厂房																
支付利息/更新长期贷款/申请长期贷款																
支付设备维护费																
计提折旧																
新市场开拓/ISO 资格认证投资																
在制品上线合计																
在制品下线合计																
期末在制品对账(请填余额)																
结账																

生产计划及采购计划编制(1—3 年)

生产线		第一年				第二年				第三年			
		一季度	二季度	三季度	四季度	一季度	二季度	三季度	四季度	一季度	二季度	三季度	四季度
1	产品												
	材料												
2	产品												
	材料												
3	产品												
	材料												
4	产品												
	材料												
5	产品												
	材料												
6	产品												
	材料												
7	产品												
	材料												
8	产品												
	材料												
合计	产品												
	材料												

生产计划及采购计划编制(4—6 年)

生产线		第四年				第五年				第六年			
		一季度	二季度	三季度	四季度	一季度	二季度	三季度	四季度	一季度	二季度	三季度	四季度
1	产品												
	材料												
2	产品												
	材料												
3	产品												
	材料												
4	产品												
	材料												
5	产品												
	材料												
6	产品												
	材料												
7	产品												
	材料												
8	产品												
	材料												
合计	产品												
	材料												

F1.4 企业经营过程记录表

(   )公司采购主管

起 始 年

企业经营流程 请按顺序执行下列各项操作。	每执行完一项相关操作,采购主管(助理)应在方格中填写材料收支情况。															
新年度规划会议																
参加订货会/登记销售订单																
制订新年度计划																
支付应付税																
	一季度				二季度				三季度				四季度			
原材料库存台账	R1	R2	R3	R4	R1	R2	R3	R4	R1	R2	R3	R4	R1	R2	R3	R4
期初在制品盘点(请填余额)																
更新短期贷款/还本付息/申请短期 贷款(高利贷)																
更新应付款/归还应付款																
原材料入库/更新原料订单																
下原料订单																
更新生产/完工入库																
投资新生产线/变卖生产线/生产线转产																
向其他企业购买原材料/出售原材料																
开始下一批生产																
更新应收款/应收款收现																
出售厂房																
向其他企业购买成品/出售成品																
按订单交货																
产品研发投资																
支付行政管理费																
其他现金收支情况登记																
支付租金/购买厂房																
支付利息/更新长期贷款/申请长期贷款																
支付设备维护费																
计提折旧																
新市场开拓/ISO 资格认证投资																
材料入库合计																
材料出库合计																
期末材料对账(请填余额)																
结账																

第 一 年

企业经营流程 请按顺序执行下列各项操作。	每执行完一项相关操作，采购主管(助理)应在方格中填写材料收支情况。															
新年度规划会议																
参加订货会/登记销售订单																
制订新年度计划																
支付应付税																
	一季度				二季度				三季度				四季度			
原材料库存台账	R1	R2	R3	R4	R1	R2	R3	R4	R1	R2	R3	R4	R1	R2	R3	R4
期初在制品盘点(请填余额)																
更新短期贷款/还本付息/申请短期贷款(高利贷)																
更新应付款/归还应付款																
原材料入库/更新原料订单																
下原料订单																
更新生产/完工入库																
投资新生产线/变卖生产线/生产线转产																
向其他企业购买原材料/出售原材料																
开始下一批生产																
更新应收款/应收款收现																
出售厂房																
向其他企业购买成品/出售成品																
按订单交货																
产品研发投资																
支付行政管理费																
其他现金收支情况登记																
支付租金/购买厂房																
支付利息/更新长期贷款/申请长期贷款																
支付设备维护费																
计提折旧																
新市场开拓/ISO 资格认证投资																
材料入库合计																
材料出库合计																
期末材料对账(请填余额)																
结账																

第 二 年

企业经营流程 请按顺序执行下列各项操作。	每执行完一项相关操作，采购主管(助理)应在方格中填写材料收支情况。															
新年度规划会议																
参加订货会/登记销售订单																
制订新年度计划																
支付应付税																
	一季度				二季度				三季度				四季度			
原材料库存台账	R1	R2	R3	R4	R1	R2	R3	R4	R1	R2	R3	R4	R1	R2	R3	R4
期初在制品盘点(请填余额)																
更新短期贷款/还本付息/申请短期贷款(高利贷)																
更新应付款/归还应付款																
原材料入库/更新原料订单																
下原料订单																
更新生产/完工入库																
投资新生产线/变卖生产线/生产线转产																
向其他企业购买原材料/出售原材料																
开始下一批生产																
更新应收款/应收款收现																
出售厂房																
向其他企业购买成品/出售成品																
按订单交货																
产品研发投资																
支付行政管理费																
其他现金收支情况登记																
支付租金/购买厂房																
支付利息/更新长期贷款/申请长期贷款																
支付设备维护费																
计提折旧																
新市场开拓/ISO 资格认证投资																
材料入库合计																
材料出库合计																
期末材料对账(请填余额)																
结账																

第 三 年

企业经营流程 请按顺序执行下列各项操作。	每执行完一项相关操作，采购主管(助理)应在方格中填写材料收支情况。															
新年度规划会议																
参加订货会/登记销售订单																
制订新年度计划																
支付应付税																
	一季度				二季度				三季度				四季度			
原材料库存台账	R1	R2	R3	R4	R1	R2	R3	R4	R1	R2	R3	R4	R1	R2	R3	R4
期初在制品盘点(请填余额)																
更新短期贷款/还本付息/申请短期贷款(高利贷)																
更新应付款/归还应付款																
原材料入库/更新原料订单																
下原料订单																
更新生产/完工入库																
投资新生产线/变卖生产线/生产线转产																
向其他企业购买原材料/出售原材料																
开始下一批生产																
更新应收款/应收款收现																
出售厂房																
向其他企业购买成品/出售成品																
按订单交货																
产品研发投资																
支付行政管理费																
其他现金收支情况登记																
支付租金/购买厂房																
支付利息/更新长期贷款/申请长期贷款																
支付设备维护费																
计提折旧																
新市场开拓/ISO 资格认证投资																
材料入库合计																
材料出库合计																
期末材料对账(请填余额)																
结账																

第 四 年

企业经营流程 请按顺序执行下列各项操作。	每执行完一项相关操作，采购主管(助理)应在方格中填写材料收支情况。															
新年度规划会议																
参加订货会/登记销售订单																
制订新年度计划																
支付应付税																
	一季度				二季度				三季度				四季度			
原材料库存台账	R1	R2	R3	R4	R1	R2	R3	R4	R1	R2	R3	R4	R1	R2	R3	R4
期初在制品盘点(请填余额)																
更新短期贷款/还本付息/申请短期贷款(高利贷)																
更新应付款/归还应付款																
原材料入库/更新原料订单																
下原料订单																
更新生产/完工入库																
投资新生产线/变卖生产线/生产线转产																
向其他企业购买原材料/出售原材料																
开始下一批生产																
更新应收款/应收款收现																
出售厂房																
向其他企业购买成品/出售成品																
按订单交货																
产品研发投资																
支付行政管理费																
其他现金收支情况登记																
支付租金/购买厂房																
支付利息/更新长期贷款/申请长期贷款																
支付设备维护费																
计提折旧																
新市场开拓/ISO资格认证投资																
材料入库合计																
材料出库合计																
期末材料对账(请填余额)																
结账																

第 五 年

企业经营流程 请按顺序执行下列各项操作。	每执行完一项相关操作，采购主管(助理)应在方格中填写材料收支情况。															
新年度规划会议																
参加订货会/登记销售订单																
制订新年度计划																
支付应付税																
	一季度				二季度				三季度				四季度			
原材料库存台账	R1	R2	R3	R4	R1	R2	R3	R4	R1	R2	R3	R4	R1	R2	R3	R4
期初在制品盘点(请填余额)																
更新短期贷款/还本付息/申请短期贷款(高利贷)																
更新应付款/归还应付款																
原材料入库/更新原料订单																
下原料订单																
更新生产/完工入库																
投资新生产线/变卖生产线/生产线转产																
向其他企业购买原材料/出售原材料																
开始下一批生产																
更新应收款/应收款收现																
出售厂房																
向其他企业购买成品/出售成品																
按订单交货																
产品研发投资																
支付行政管理费																
其他现金收支情况登记																
支付租金/购买厂房																
支付利息/更新长期贷款/申请长期贷款																
支付设备维护费																
计提折旧																
新市场开拓/ISO 资格认证投资																
材料入库合计																
材料出库合计																
期末材料对账(请填余额)																
结账																

第 六 年

企业经营流程 请按顺序执行下列各项操作。	每执行完一项相关操作，采购主管(助理)应在方格中填写材料收支情况。																
新年度规划会议																
参加订货会/登记销售订单																
制订新年度计划																
支付应付税																
		一季度				二季度				三季度				四季度			
原材料库存台账	R1	R2	R3	R4	R1	R2	R3	R4	R1	R2	R3	R4	R1	R2	R3	R4
期初在制品盘点(请填余额)																
更新短期贷款/还本付息/申请短期 贷款(高利贷)																
更新应付款/归还应付款																
原材料入库/更新原料订单																
下原料订单																
更新生产/完工入库																
投资新生产线/变卖生产线/生产线转产																
向其他企业购买原材料/出售原材料																
开始下一批生产																
更新应收款/应收款收现																
出售厂房																
向其他企业购买成品/出售成品																
按订单交货																
产品研发投资																
支付行政管理费																
其他现金收支情况登记																
支付租金/购买厂房																
支付利息/更新长期贷款/申请长期贷款																
支付设备维护费																
计提折旧																
新市场开拓/ISO资格认证投资																
材料入库合计																
材料出库合计																
期末材料对账(请填余额)																
结账																

(　　　　)公司采购登记表

1 年	1 季				2 季				3 季				4 季			
原材料	R1	R2	R3	R4	R1	R2	R3	R4	R1	R2	R3	R4	R1	R2	R3	R4
订购数量																
采购入库																

2 年	1 季				2 季				3 季				4 季			
原材料	R1	R2	R3	R4	R1	R2	R3	R4	R1	R2	R3	R4	R1	R2	R3	R4
订购数量																
采购入库																

3 年	1 季				2 季				3 季				4 季			
原材料	R1	R2	R3	R4	R1	R2	R3	R4	R1	R2	R3	R4	R1	R2	R3	R4
订购数量																
采购入库																

4 年	1 季				2 季				3 季				4 季			
原材料	R1	R2	R3	R4	R1	R2	R3	R4	R1	R2	R3	R4	R1	R2	R3	R4
订购数量																
采购入库																

5 年	1 季				2 季				3 季				4 季			
原材料	R1	R2	R3	R4	R1	R2	R3	R4	R1	R2	R3	R4	R1	R2	R3	R4
订购数量																
采购入库																

6 年	1 季				2 季				3 季				4 季			
原材料	R1	R2	R3	R4	R1	R2	R3	R4	R1	R2	R3	R4	R1	R2	R3	R4
订购数量																
采购入库																

F1.5　人力资源总监用表

(　　　)公司人力资源总监

1. 组织架构设计

(不够可另加附页)

_____
_____
_____
_____
_____
_____
_____

2. 岗位职责界定

(不够可另加附页)

_____
_____
_____
_____
_____
_____

3. 考核方案制定

(不够可另加附页)

_____
_____
_____
_____
_____
_____

4. 记录每个成员的出勤情况(见附表 1-1)

附表 1-1　成员出勤表

	CEO	COO	财务	营销	生产	采购	人力		
起始年									
第一年									
第二年									
第三年									
第四年									
第五年									
第六年									

5. 记录每个成员在企业运行中出错的情况

6. 记录团队成员获裁判组奖励的情况

7. 记录团队成员受裁判组处罚的情况

8. 其他

_____

_____

_____

_____

_____

_____

_____

9. 对团队成员参与度与贡献度提出综合排序的建议

(此排名建议提交 CEO 做最终决定后交指导教师，CEO 本人不参加此排名，其成绩由指导教师直接给出。)

_____

_____

_____

_____

_____

_____

附录2

市场预测报告

这是由一家权威的市场调研机构对未来 6—8 年各个市场需求的预测，该预测有着很高的可信度。根据这一预测进行企业的经营运作，后果由各企业自行承担。

P1 产品是目前市场上的主流技术产品；P2 作为 P1 的技术改良产品，也比较容易获得大众的认同；P3 和 P4 产品作为 P 系列产品中的高端技术产品，各个市场上对它们的认同度不尽相同，需求量与价格也会有较大的差异。

F2.1 六组竞赛市场预测

本地市场将会持续发展，客户对低端产品的需求可能会下滑，且伴随着需求的减少，低端产品的价格很有可能会逐步走低；后几年，随着高端产品的成熟，市场对 P3、P4 产品的需求将会逐渐增大；同时随着时间的推移，客户对产品的质量意识将不断提高，后几年可能会对厂商是否通过了 ISO 9000 认证和 ISO 14000 认证有更多的要求(见下图)。

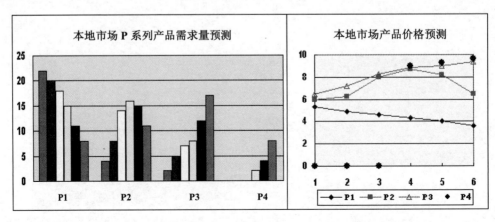

区域市场的客户对 P 系列产品的喜好相对稳定，因此市场需求量的波动也很有可能会比较平稳；又因其紧邻本地市场，所以产品需求量的走势可能与本地市场相似，价格趋势也应大致一样(见下图)。该市场的客户比较乐于接受新的事物，因此对于高端产品也会比较有兴趣，但由于受到地域的限制，该市场的需求总量非常有限；并且这个市场上的客户相对比较挑剔，因此在后几年，客户会对厂商是否通过了 ISO 9000 认证和 ISO 14000 认证有较高的要求。

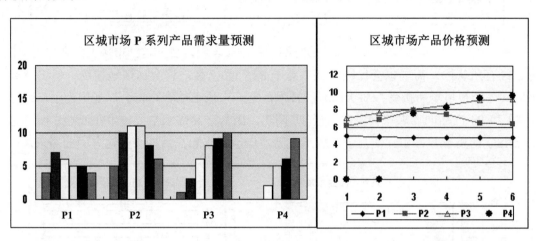

因 P1 产品带有较浓的地域色彩，所以国内市场对 P1 产品可能不会有持久的需求；而 P2 产品因为更适合于国内市场，所以其需求可能会一直比较平稳；随着对 P 系列产品新技术的逐渐认同，估计对 P3 产品的需求会发展较快，但这个市场上的客户对 P4 产品却并不那么认同。当然，对于高端产品来说，客户一定会更注重产品的质量保证(见下图)。

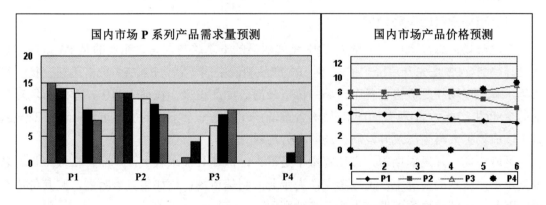

亚洲市场上的客户喜好一向波动较大，不易把握，所以对 P1 产品的需求可能起伏较大，估计 P2 产品的需求走势也会与 P1 相似；但该市场对新产品很敏感，因此对 P3、P4 产品的需求可能会发展较快，价格也可能不菲。另外，这个市场的消费者很看重产品的质量，所以在后几年里，如果厂商没有通过 ISO 9000 和 ISO 14000 的认证，其产品可能很难销售(见下图)。

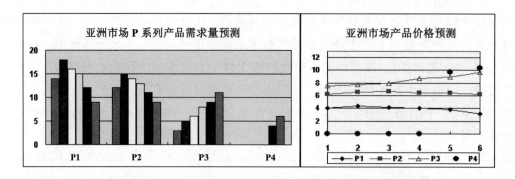

进入国际市场可能需要一个较长的时期。有迹象表明，目前这一市场上的客户对 P1 产品已经有所认同，需求也会比较旺盛；对于 P2 产品，客户将会谨慎地接受，但仍需要一段时间才能被市场所接受；对于新兴的技术，这一市场上的客户将会以观望为主，因此对于 P3 和 P4 产品的需求将会发展极慢(见下图)。因为产品需求主要集中在低端，所以客户对于 ISO 的要求并不如其他几个市场那么高，但也不排除在后期会有这方面的需求。

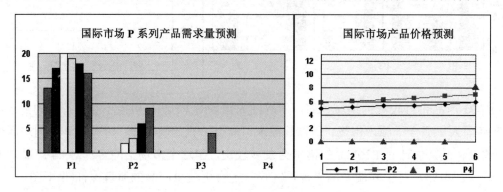

关于市场预测的简略分析

本地市场：总体市场需求量大，P1 呈现明显的下降趋势，与之相反的是 P3 呈现明显的上升趋势，P2 是先升后降。前三年，P1 产品利润空间不错，P2、P3 价格迅速上扬；第四年，本地市场 P2 价格在各个市场中价格最高。如此说来，在前一两年，本地市场对目前的企业(生产能力弱)现有的产品(技术含量低)来说，是一个不错的生存市场；而第三年后，则可以成为扩大再生产及开发新市场的有力后盾。

区域市场：开发周期短，市场容量不是很大，但 P4 需求较大，产品价格较平稳。若在竞争不太激烈的情况下，可以考虑作为企业的利基市场；但如果竞争激烈，则其价值有限。因此，区域市场的问题在于如何有效利用。

国内市场：P1、P2、P3 市场容量明显大于区域，P1、P2 略呈下降趋势，P3 呈现较明显的上升趋势，P4 需求不大，产品价格相对平稳，P2、P1 价格较好。由于其开发周期与产品的研发周期接近，因此，很可能会成为各企业为开拓新市场、增加销售而争夺的焦点。

亚洲市场：开发周期较长，高端产品价格平稳，市场容量略高于平均水平，P1、P2、P3 市场容量明显大于区域。由于后几年各企业产能都可能有所扩大，所以占领新市场将成为一些企业的追求。因此，第四年在激烈的竞争中可能会成为广告的重地，如果竞争不激烈，也极有可能成为独家的舞台。因而，掌握竞争对手的市场开拓信息非常重要。

　　国际市场：这是一个非常独特的市场，其独特性并不在于其开发周期最长，而在于从所有年份来看，对 P1 的需求都非常旺盛，在各市场 P1 需求量和价格都普遍下降的情况下，国际市场 P1 的价格却节节攀升，后期在所有市场所有产品中利润率最高，且维持较高的需求，利润空间非常可观。其独特性还表现在该市场对 P3、P4 几无需求，对 P2 的需求在其他市场呈下降的趋势下反而呈现上升趋势，虽然规模不是很大，但第 6 年也与国内市场和亚洲市场持平，且高于区域市场。这种独特性，也许可以成为制胜、甚至反败为胜的奇兵。

F2.2　七组竞赛市场预测

　　本地市场将会持续发展，对低端产品的需求可能会下滑，而伴随着需求的减少，低端产品的价格很有可能走低(见下图)。后几年，随着高端产品的成熟，市场对 P3、P4 产品的需求将会逐渐增大。由于客户对质量意识的不断提高，后几年可能对产品的 ISO 9000 和 ISO 14000 认证有更多的需求。

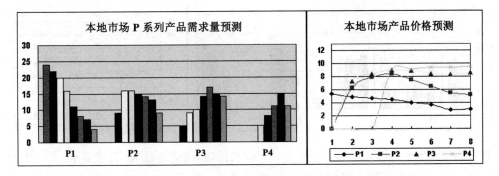

　　区域市场的客户相对稳定，对 P 系列产品需求的变化很有可能比较平稳；因紧邻本地市场，所以产品需求量的走势可能与本地市场相似，价格趋势也应大致一样(见下图)。该市场容量有限，对高端产品的需求也可能相对较小，但客户会对产品的 ISO 9000 和 ISO 14000 认证有较高的要求。

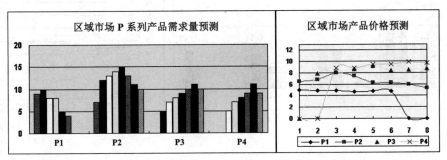

因 P1 产品带有较浓的地域色彩,所以国内市场对 P1 产品可能不会有持久的需求;而 P2 产品因更适合于国内市场,需求可能一直比较平稳;随着对 P 系列产品的逐渐认同,估计对 P3 产品的需求会发展较快,但对 P4 产品的需求就不一定像 P3 产品那样旺盛了。当然,对高价值的产品来说,客户一定会更注重产品的质量认证(见下图)。

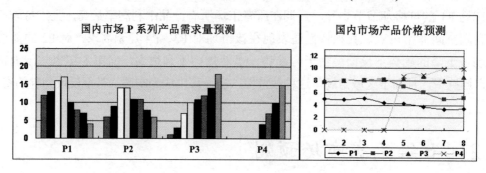

亚洲市场一向波动较大,所以对 P1 产品的需求可能起伏较大,估计 P2 产品的需求走势与 P1 相似;但该市场对新产品很敏感,因此对 P3、P4 产品的需求可能会发展较快,价格也可能不菲。另外,这个市场的消费者很看重产品的质量,所以没有 ISO 9000 和 ISO 14000 认证的产品可能很难销售(见下图)。

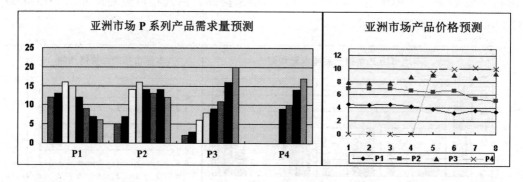

P 系列产品进入国际市场可能需要一个较长的时期(见下图)。有迹象表明,对 P1 产品已经有所认同,但还需要一段时间才能被市场接受;同样,对 P2、P3 和 P4 产品也会很谨慎地接受,需求发展较慢。当然,国际市场的客户也会关注具有 ISO 认证的产品。

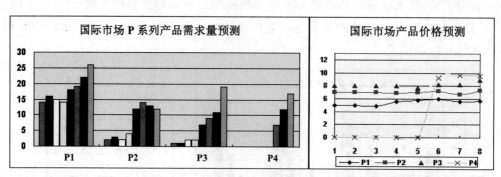

F2.3 八组竞赛市场预测

本地市场将会持续发展，对低端产品的需求可能会下滑，且伴随着需求的减少，低端产品的价格很有可能走低(见下图)。后几年，随着高端产品的成熟，市场对P3、P4产品的需求将会逐渐增大。由于客户对质量意识的不断提高，后几年可能对产品的ISO 9000和ISO 14000认证有更多的需求。

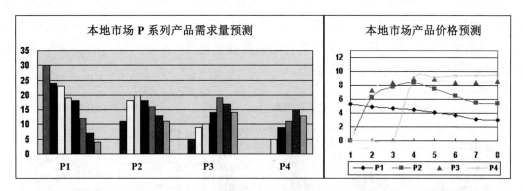

区域市场的客户相对稳定，对P系列产品需求的变化很有可能比较平稳；因紧邻本地市场，所以产品需求量的走势可能与本地市场相似，价格趋势也应大致一样(见下图)。该市场容量有限，对高端产品的需求也可能相对较小，但客户会对产品的ISO 9000和ISO 14000认证有较高的要求。

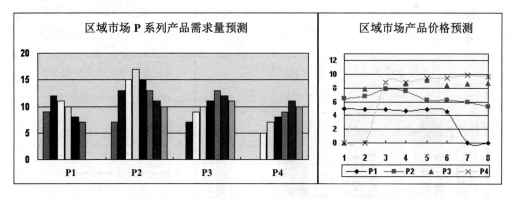

因P1产品带有较浓的地域色彩，所以国内市场对P1产品可能不会有持久的需求；而P2产品因更适合于国内市场，需求可能一直比较平稳(见下图)。随着对P系列产品的逐渐认同，估计对P3产品的需求会发展较快，但对P4产品的需求就不一定像P3产品那样旺盛了。当然，对高价值的产品来说，客户一定会更注重产品的质量认证。

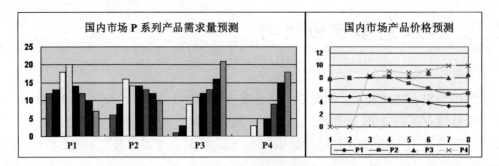

亚洲市场一向波动较大，所以对 P1 产品的需求可能起伏较大，估计 P2 产品的需求走势与 P1 相似(见下图)。但该市场对新产品很敏感，因此对 P3、P4 产品的需求可能会发展较快，价格也可能不菲。另外，这个市场的消费者很看重产品的质量，所以没有 ISO 9000 和 ISO 14000 认证的产品可能很难销售。

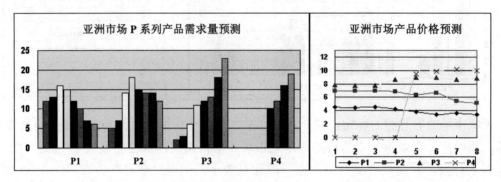

P 系列产品进入国际市场可能需要一个较长的时期(见下图)。有迹象表明，对 P1 产品已经有所认同，但还需要一段时间才能被市场接受；同样，对 P2、P3 和 P4 产品也会很谨慎地接受，需求发展较慢。当然，国际市场的客户也会关注具有 ISO 认证的产品。

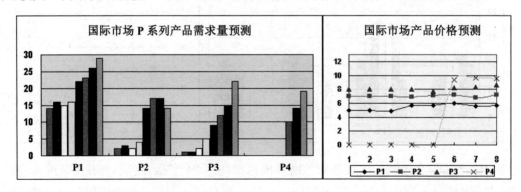

F2.4　九组竞赛市场预测

本地市场将会持续发展，对低端产品的需求可能会下滑，而伴随着需求的减少，低端产品的价格很有可能走低(见下图)。后几年，随着高端产品的成熟，市场对 P3、P4 产品的需求将会逐渐增大。由于客户对质量意识的不断提高，后几年可能对产品的 ISO 9000 和 ISO 14000 认证有更多的需求。

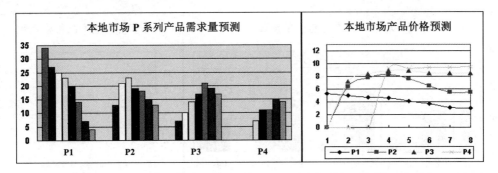

区域市场的客户相对稳定，对 P 系列产品需求的变化很有可能比较平稳；因紧邻本地市场，所以产品需求量的走势可能与本地市场相似，价格趋势也应大致一样(见下图)。该市场容量有限，对高端产品的需求也可能相对较小，但客户会对产品的 ISO 9000 和 ISO 14000 认证有较高的要求。

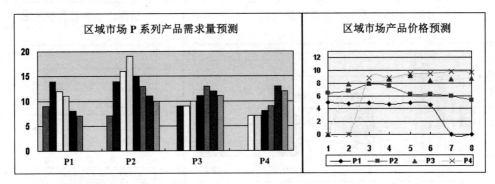

因 P1 产品带有较浓的地域色彩，所以国内市场对 P1 产品可能不会有持久的需求；而 P2 产品因更适合于国内市场，需求可能一直比较平稳(见下图)。随着对 P 系列产品的逐渐认同，估计对 P3 产品的需求会发展较快，但对 P4 产品的需求就不一定像 P3 产品那样旺盛了。当然，对高价值的产品来说，客户一定会更注重产品的质量认证。

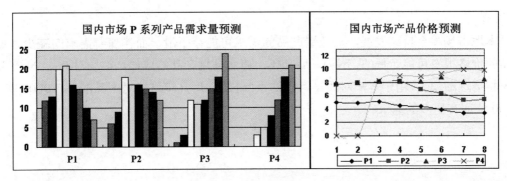

亚洲市场一向波动较大，所以对 P1 产品的需求可能起伏较大，估计 P2 产品的需求走

势与 P1 相似(见下图)。但该市场对新产品很敏感,因此对 P3、P4 产品的需求可能会发展较快,价格也可能不菲。另外,这个市场的消费者很看重产品的质量,所以没有 ISO 9000 和 ISO 14000 认证的产品可能很难销售。

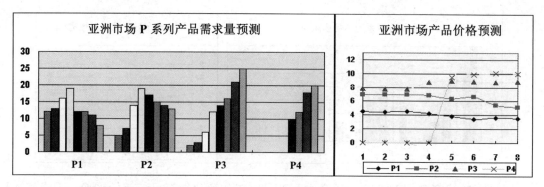

P 系列产品进入国际市场可能需要一个较长的时期(见下图)。有迹象表明,对 P1 产品已经有所认同,但还需要一段时间才能被市场接受;同样,对 P2、P3 和 P4 产品也会很谨慎地接受,需求发展较慢。当然,国际市场的客户也会关注具有 ISO 认证的产品。

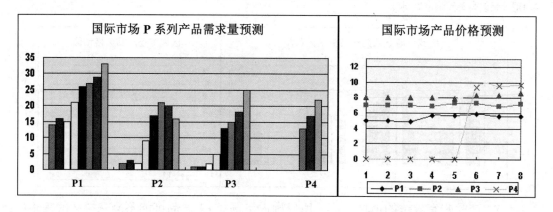

F2.5 十组竞赛市场预测

本地市场将会持续发展,对低端产品的需求可能会下滑,而伴随着需求的减少,低端产品的价格很有可能走低(见下图)。后几年,随着高端产品的成熟,市场对 P3、P4 产品的需求将会逐渐增大。由于客户对质量意识的不断提高,后几年可能对产品的 ISO 9000 和 ISO 14000 认证有更多的需求。

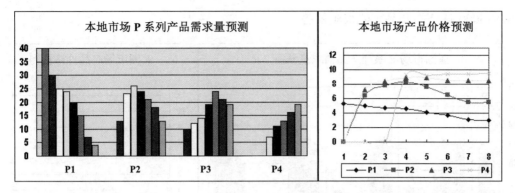

区域市场的客户相对稳定，对 P 系列产品需求的变化很有可能比较平稳；因紧邻本地市场，所以产品需求量的走势可能与本地市场相似，价格趋势也应大致一样(见下图)。该市场容量有限，对高端产品的需求也可能相对较小，但客户会对产品的 ISO 9000 和 ISO 14000 认证有较高的要求。

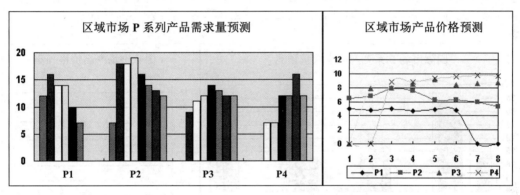

因 P1 产品带有较浓的地域色彩，所以国内市场对 P1 产品可能不会有持久的需求；而 P2 产品因更适合于国内市场，需求可能会一直比较平稳；随着对 P 系列产品的逐渐认同，估计对 P3 产品的需求会发展较快，但对 P4 产品的需求就不一定像 P3 产品那样旺盛了(见下图)。当然，对高价值的产品来说，客户一定会更注重产品的质量认证。

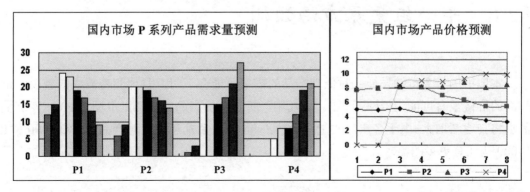

亚洲市场一向波动较大，所以对 P1 产品的需求可能起伏较大，估计 P2 产品的需求走势与 P1 相似(见下图)。但该市场对新产品很敏感，因此对 P3、P4 产品的需求可能会发展较快，价格也可能不菲。另外，这个市场的消费者很看重产品的质量，所以没有 ISO 9000

和 ISO 14000 认证的产品可能很难销售。

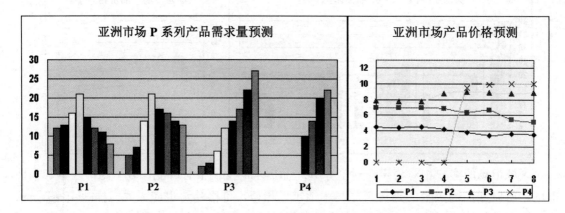

P 系列产品进入国际市场可能需要一个较长的时期(见下图)。有迹象表明,对 P1 产品已经有所认同,但还需要一段时间才能被市场接受。同样,对 P2、P3 和 P4 产品也会很谨慎地接受,需求发展较慢。当然,国际市场的客户也会关注具有 ISO 认证的产品。

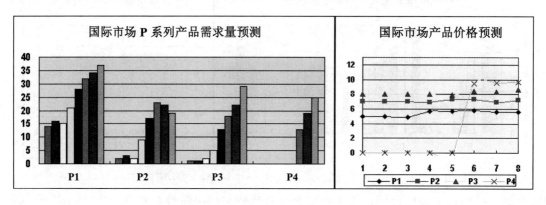

F2.6 十一组竞赛市场预测

本地市场将会持续发展,对低端产品的需求可能会下滑,且伴随着需求的减少,低端产品的价格很有可能走低(见下图)。后几年,随着高端产品的成熟,市场对 P3、P4 产品的需求将会逐渐增大。由于客户对质量意识的不断提高,后几年可能对产品的 ISO 9000 和 ISO 14000 认证有更多的需求。

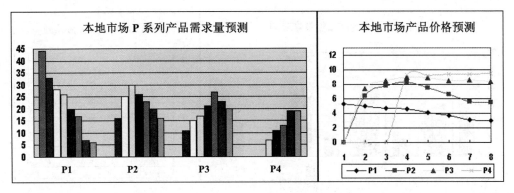

区域市场的客户相对稳定，对 P 系列产品需求的变化很有可能比较平稳；因紧邻本地市场，所以产品需求量的走势可能与本地市场相似，价格趋势也应大致一样(见下图)。该市场容量有限，对高端产品的需求也可能相对较小，但客户会对产品的 ISO 9000 和 ISO 14000 认证有较高的要求。

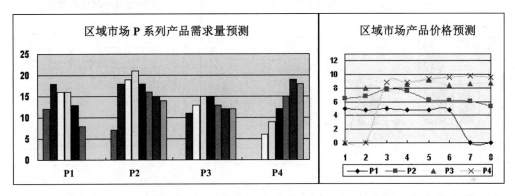

因 P1 产品带有较浓的地域色彩，所以国内市场对 P1 产品可能不会有持久的需求；而 P2 产品因更适合于国内市场，需求可能一直比较平稳；随着对 P 系列产品的逐渐认同，估计对 P3 产品的需求会发展较快，但对 P4 产品的需求就不一定像 P3 产品那样旺盛了(见下图)。当然，对高价值的产品来说，客户一定会更注重产品的质量认证。

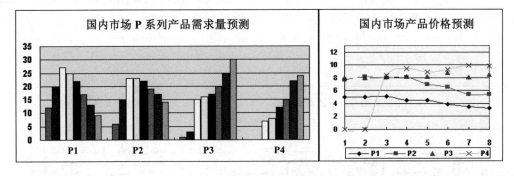

亚洲市场一向波动较大，所以对 P1 产品的需求可能起伏较大，估计 P2 产品的需求走势与 P1 相似。但该市场对新产品很敏感，因此对 P3、P4 产品的需求可能会发展较快，价格也可能不菲(见下图)。另外，这个市场的消费者很看重产品的质量，所以没有 ISO 9000 和 ISO 14000 认证的产品可能很难销售。

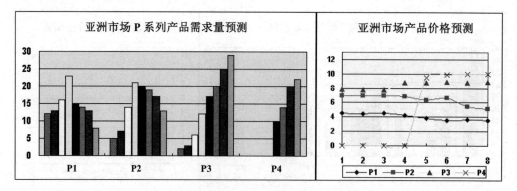

P 系列产品进入国际市场可能需要一个较长的时期(见下图)。有迹象表明,对 P1 产品已经有所认同,但还需要一段时间才能被市场接受;同样,对 P2、P3 和 P4 产品也会很谨慎地接受,需求发展较慢。当然,国际市场的客户也会关注具有 ISO 认证的产品。

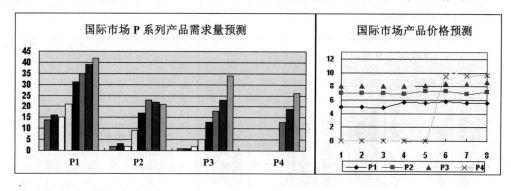

F2.7 十二组竞赛市场预测

本地市场将会持续发展,对低端产品的需求可能会下滑,且伴随着需求的减少,低端产品的价格很有可能走低(见下图)。后几年,随着高端产品的成熟,市场对 P3、P4 产品的需求将会逐渐增大。由于客户对质量意识的不断提高,后几年可能对产品的 ISO 9000 和 ISO 14000 认证有更多的需求。

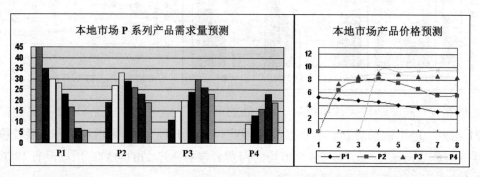

区域市场的客户相对稳定，对 P 系列产品需求的变化很有可能比较平稳；因紧邻本地市场，所以产品需求量的走势可能与本地市场相似，价格趋势也应大致一样(见下图)。该市场容量有限，对高端产品的需求也可能相对较小，但客户会对产品的 ISO 9000 和 ISO 14000 认证有较高的要求。

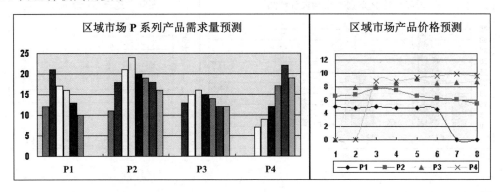

因 P1 产品带有较浓的地域色彩，所以国内市场对 P1 产品可能不会有持久的需求，而 P2 产品因更适合于国内市场，需求可能一直比较平稳；随着对 P 系列产品的逐渐认同，估计对 P3 产品的需求会发展较快，但对 P4 产品的需求就不一定像 P3 产品那样旺盛了(见下图)。当然，对高价值的产品来说，客户一定会更注重产品的质量认证。

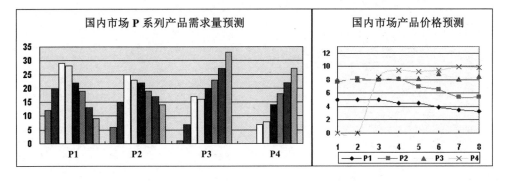

亚洲市场一向波动较大，所以对 P1 产品的需求可能起伏较大，估计 P2 产品的需求走势与 P1 相似。但该市场对新产品很敏感，因此对 P3、P4 产品的需求可能会发展较快，价格也可能不菲(见下图)。另外，这个市场的消费者很看重产品的质量，所以没有 ISO 9000 和 ISO 14000 认证的产品可能很难销售。

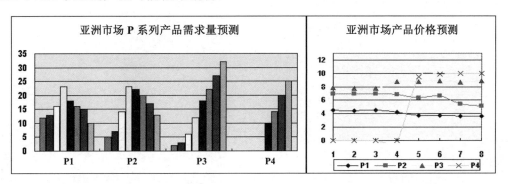

P 系列产品进入国际市场可能需要一个较长的时期(见下图)。有迹象表明,对 P1 产品已经有所认同,但还需要一段时间才能被市场接受;同样,对 P2、P3 和 P4 产品也会很谨慎地接受,需求发展较慢。当然,国际市场的客户也会关注具有 ISO 认证的产品。

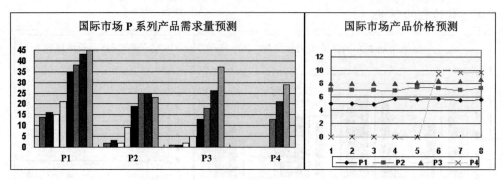

附录3

历年典型大赛规则及点评

第十七届全国大学生创新创业沙盘模拟经营大赛 (辽宁省区)暨2021年辽宁省普通高等学校本科大学生 创业企业经营模拟沙盘大赛技术手册

F3.1 竞赛背景资料

约创制造有限公司于2021年成立，是一家生产P系列产品的民营企业，经过一年的经营，企业并没有什么发展。

最近，一家权威机构对该行业的发展前景进行了预测，认为P系列产品将会有较好的发展前景。为了公司在未来几年能够跻身同行业的前列，公司股东大会决定重新聘用一批优秀的年轻人来接手约创制造有限公司，合同期限为4年。

现在你们5人将分别担任总经理、采购总监、生产总监、销售总监、财务总监。请运用你们所学的知识，根据公司现状与未来的市场预测去经营自己的公司吧，相信你们在未来的4年中能够闯出属于自己的一片天地。

公司详情如附表3-1所示。

附表 3-1　公司详情

公司详情	目前状况
市场资质	本地市场：已开发完成 区域市场：已开发完成 国内市场：未开发
市场资质	亚洲市场：未开发 国际市场：未开发
现金	500 万元

当前资产负债表如附表 3-2 所示。

附表 3-2　当前资产负债表

单位：万元

资产	期初数	期末数	负债和所有者权益	期初数	期末数
流动资产：			负债：		
现金	500	500	长期负债	0	0
应收款	0	0	短期负债	0	0
在制品	0	0	应付款	0	0
成品	0	0	应交税金	0	0
原料	0	0	一年内到期的长期负债	0	0
流动资产合计	500	500	负债合计	0	0
固定资产：			所有者权益：		
土地和建筑	0	0	股东资本	500	500
机器与设备	0	0	利润留存	0	0
在建工程	0	0	年度净利	0	0
固定资产合计	0	0	所有者权益合计	500	500
资产总计	500	500	负债和所有者权益总计	500	500

F3.2　通用规则

1. 比赛相关说明(重要)

根据本场比赛的赛程及场地安排，请参赛人员认真阅读下列说明。

1) 比赛暂停

比赛过程中选手一旦发现因网络、计算机等问题无法进行比赛时，请举手提示，经裁判确认后，由技术裁判暂停本场比赛。暂停时，所有参赛队的虚拟时间冻结在每队的当前日期，不能推进日期。

在每阶段最后 30 秒内发生的故障，技术上不予暂停。

(1) 网络问题。因网络问题造成的故障，裁判有权暂停比赛，在排除故障后，继续本场比赛。

(2) 计算机问题。因选手硬件、计算机问题造成的故障(如重启、卡死等),裁判有权暂停比赛,在等待 1 分钟后,无论选手是否排除计算机故障,继续本场比赛。

(3) 计算机卡顿。因选手计算机或网络不佳造成的卡顿,裁判不予暂停比赛。选手在每次操作后,系统反馈前,为了避免产生不可取消的订单,当长时间没有反馈时,可尝试刷新页面。

2) 计算机系统建议

计算机使用 1400×900 以上的分辨率,以避免因分辨率过低而造成表单填写问题,如财务报表无法填写等。如果遇到该问题,请使用 Ctrl + 鼠标滚轴/加号来放大浏览器内容。

3) 安装录屏软件

比赛选手需自行安装录屏软件,在比赛前开启。如果因录屏软件未安装或未开启而造成的争议,参赛队需无条件接受裁决结果。

注意,本次比赛不开放代工厂和拍卖功能。

2. 比赛经营年数及每年运行时间

➢ 比赛经营年数:4 年。

➢ 每年分年初、年中和年末 3 个阶段运行,运行时间如下。

● 年初时段:20 分钟。

● 年中时段:60 分钟。

● 年末时段:15 分钟。

每年阶段经营功能的时间分配如附表 3-3 所示。

附表 3-3 每年阶段经营功能的时间分配

经营功能	运行启动	年初阶段	年中阶段	年末阶段
促销及计划	裁判手动	5 分钟	×	×
第一次申请订单	自动	10 分钟	×	×
第二次申请订单	自动	5 分钟	×	×
第一季度	裁判手动	×	15 分钟	×
第二季度	裁判手动	×	15 分钟	×
第三季度	裁判手动	×	15 分钟	×
第四季度	裁判手动	×	15 分钟	×
商业情报收集+报表审核上报	裁判手动	×	×	15 分钟

注:×表示"经营功能"在本阶段禁止使用。每阶段的时间表示"经营功能"允许操作的时间,超过这个时间,该功能自动关闭。

3. "年初时段"运行操作规则

1) "年初时段"任务清单

"年初时段"用于当年参加各市场的促销广告投放、销售订货会、市场资质的研发投资，以及制订本年经营计划等活动。"年初时段"的任务清单及限定时间如附表 3-4 所示。

附表 3-4 "年初时段"的任务清单及限定时间

任务清单	岗位	促销及计划 (5 分钟)	申请订单及分配(1) (10 分钟)	申请订单及分配(2) (5 分钟)
投放促销广告	总经理	√	×	×
市场资质(ISO)投资	总经理	√	√	√
申请销售订单	全岗	×	√	√
贴现	财务	√	√	√
预算费用申报	全岗	√	√	√

2) 促销及计划时段的操作规则

(1) 促销广告的目的是提升该市场中本企业的"企业知名度"排名，订单按照申报者的"企业知名度"排名顺序进行分配。"企业知名度"排名靠前的公司，更容易被分到申报的产品数量。

(2) 投放促销广告只能在附表 3-4 规定的时间内进行。

(3) 促销广告分市场投放，每个市场投放的广告只影响本市场当年的企业知名度排名。

3) 第一次申报订单的操作规则

(1) 订单申报。

① 在规定的时间内，各队同时进行订单数量申报，互不冲突。在选单结束进行订单分配时，根据各队的"企业知名度"排序，确定各队实际申报到的订单。

② 选手以队为单位进行订单申报，可同时进行所有市场、产品的订单申报。即选择一张订单，填写需要获取的产品数量，然后单击"申报"按钮提交申请，申请产品的数量将被显示在订单表的"申报详情"栏中。

③ 所有岗位都可以进行任何市场的订单申报，系统只更新接受最后一次单击"申报"的数量。

(2) 订单分配。

① 每张订单按照申请公司的企业知名度排名顺序依次进行分配。

② 公司申请某订单的数量小于该订单剩余产品数量时，按照申请的数量全额分配。

③ 公司申请某订单的数量大于该订单剩余产品数量时，按照该订单剩余数量分配，即申请人只能获得剩余产品数量。

④ 当某订单的产品剩余数量为"0"时，该订单分配完成，还没排到的公司将不能获得该订单的产品。

(3) 相同知名度排名时的"订单分配"。如果两家以上企业知名度排名相同且申请了同一张订单，本着平等分配的原则，按照下述方法进行分配。

① 最小申请量平均分配法。取该订单申请排名相同的公司总数 S0 和相同排名各队中最小申请数量 P0，则 M0 = P0 × S0。如果 M0 小于订单剩余的产品数量(即订单的产品数量足够让各公司都获得 P0 个产品)，则排名相同的各公司将分配到 P0 数量的产品，依次进行分配，直到 M0 大于订单剩余的产品数量(即订单剩余产品数量不够按照 P0 平均分配)时，执行"按公司数平均分配法"。

② 按公司数平均分配法。取剩余公司数 S0 和订单剩余产品数 U0 进行比较，当 U0 大于等于 S0 时，M1 = U0 ÷ S0，按照 M1 的取整值将产品分配给每个剩余公司；当 U0 小于 S0(即剩余的产品数量不够剩余公司平均分到 1 个)时，本次分配结束，剩余的产品将进入下一个排名的分配。

4) 第二次申报订单操作规则

第一次未分配完的产品订单在第二次申请阶段显示，已经分配完的订单不再出现在可选订单中。第二次申报订单操作与第一次申报订单相同。第二次申报时间结束后，系统自动进行第二次分配。

4. "年中时段"运行操作规则

(1) 年中运行的虚拟时间共为 1 年(4 个季度)，1 年为 12 个月，每 3 个月为 1 季(每季为 1 个阶段)，每月为 30 天。每个季度运行时间为现实时间 15 分钟。

(2) 年中每个季度(阶段)中，各队可进行日期自选。

① 每月。各队可自主在一个月内选择经营日期进行操作(如 1 月 1 日、1 月 30 日)。各队选择时可跳选日期操作，但只能向前跳选，禁止回退。

② 每季度。在一个季度中，各队可自行结束每月操作，进入下一月的日期操作(如 1 月 1 日结束，进入 2 月 1 日操作)。但每季度最后一个月，只能等待统一的季度结束时间，不能自主跳至下一季度。

③ 季度结束。设定的季度运行时间结束后，系统将自动结束本季度，所有未完成的操作都将被自动跳转至本季结束状态。

(3) 跳过的日期中如有没完成的操作，系统会自动根据选定的日期判断跳过的操作是否违约。例如，从 3 月 1 日跳到 3 月 10 日，中间的 3 月 5 日有原料到货的操作未执行，则跳到 3 月 10 日时，系统自动判定 3 月 5 日应到货的采购订单为"收货违约"。

(4) 总经理可进行挑选日期操作。

(5) 总经理选择操作日期后，其他操作岗位可单击日期旁的"刷新"按钮，刷新当前日期。

(6) 运行中操作页面上的时间进度条表示本季度运行的剩余时间(系统时间)。

(7) 每年的 12 月份会对本年所有未缴费用进行强制清缴，即：

① 12 月份的所有费用的容忍期到期日调整到 12 月 29 日。

② 12 月 30 日即对所有未缴费用按照强制扣除处理，并按照 OID 减值 1、OID 减值 2 扣减所有市场 OID。

5. "年末时段"运行操作规则

"年末时段"所有经营操作均被停止，必须在规定的时间内完成经营报表的填制、上报、核查和商业情报收集。

1) 经营报表填制、上报

经营报表由"费用表""利润表"和"资产负债表"组成，每年各公司需在年末规定的时间内完成经营报表的上报。

经营报表的制作环节为：填制岗位统计表→提交岗位统计表→生成经营报表→上报经营报表。其中：

(1) 岗位统计表包括"经理统计表""采购统计表""销售统计表""财务统计表"和"生产统计表"，分别由经理、采购总监、销售总监、财务总监和生产总监各自填报并提交完成。岗位报表可以多次提交，每次提交都刷新上报的经营报表。

(2) 合成的经营报表不能直接修改，必须经岗位报表修改后再次刷新。

(3) 合成的经营报表由总经理或财务总监在"报表上报"功能中单击"提交报表"按钮完成上报，提交后不可修改。

年末结束时，系统自动关闭本年的所有报表操作。

2) 报表核查

待到系统"年末"时，可以在"报表上报"窗口中，选择本年查询经营报表的"系统值"和"上报值"的对比数据。

报表对比数据显示格式为系统值/本公司上报值；显示底色表示对比数据的一致与否，绿色表示系统值与上报值一致，"粉色"表示系统值与上报值不一致，"黄色"表示没有上报数据。

3) 商业情报收集

进入"年末"时段，可以查询当年的"经营结果排名"；也可以通过总经理的"商业情报"功能，查看任何公司的"公司详情"，便于了解其他公司的经营动向。现金为负的公司无法获取商业情报。

6. "容忍期"和"强制取消/执行"

模拟运行中公司与外界的交易活动(或业务)必须在规定时间内完成(如产品销售订单必须在交货日期前交货、原料订货必须在到货日期收货入库等)，否则将降低企业的经营诚信度。

1) 容忍期

凡是在规定日期没有完成的业务操作，允许延迟一段时间继续执行，这个延迟的时段称为"容忍期"。在"容忍期"内除了按照业务要求进行操作外，还必须进行以下操作。

(1) 支付相应的违约金，在支付业务费用的同时支付违约金。

(2) 扣减经营诚信度分数。

2) 强制取消/执行

容忍期结束时仍不能完成业务操作时，该业务将被强制处理，具体操作如下。

(1) 订单取消(包括销售订单、采购订单被取消)，将强制扣除违约金，并额外再扣减"经营诚信度"分数，取消的订单将返回临时市场继续操作。

(2) 费用支付业务强制执行，如应还的贷款或利息等连同违约金。费用将被强制从财务账户中扣除，如果财务账户资金不足，将扣减至负值。

特别说明：

"容忍期"和"强制取消/执行"是两种不同的惩罚措施。容忍期内，原操作仍然可以进行，但将被扣缴违约金，并扣减 OID 减值 1；若强制执行，则不允许进行原操作，并扣除违约金及扣除 OID 减值 1 和 OID 减值 2。

7. 企业知名度和经营诚信度 OID

1) 企业知名度

"企业知名度"是公众对企业名称、商标、产品等方面认知和了解的程度。企业知名度分市场计算，各公司在一个市场中的企业知名度排名，决定该市场订单分配的先后顺序。而在市场中投放广告可提升企业在该市场的"企业知名度"排名。

广告分为"促销"和"战略"两类。

(1) "促销"广告只能在"年初"订单申请前进行投放，直接用于本年度企业知名度排名，本年"年中"运行开始后，促销广告不再影响企业知名度排名。

(2) "战略"广告在"年中"可随时投放，但是只在每季度末进行计算，下一季度 1 号显示上一季度最终知名度排名，即：年初显示当前排名，第一季度显示年初排名，第二季度显示第一季度排名。战略广告对知名度有延续 3 年的影响，即投放的广告参与各年(3 年)知名度计算。

这两类广告均分市场投放，用于提升企业在该市场的"企业知名度"排名。

2) 经营诚信度

"经营诚信度"(简称 OID)是反应经营信用程度的指标，与公司运行行为关联，不符合规则的业务行为，将减少"经营诚信度"，每项业务的操作或对 OID 产生增值的效应，或对 OID 产生减值的效应。OID 的变化计算公式如下。

$$某市场的 OID 值 = 市场当前 OID 值 + 市场 OID 增值 - OID 减值$$

OID 增值每年末自动计算一次，OID 减值计算实时进行。

OID 增值的条件如附表 3-5 所示。

附表 3-5　OID 增值计算项

类别	OID 影响因素	影响范围	计算方式
OID 增值	交货无违约	单一市场	常量
	市场占有率	单一市场	计算值
	贷款无违约	全部市场	常量
	付款收货无违约	全部市场	常量

OID 减值的条件如附表 3-6 所示。

附表 3-6　OID 减值计算项

类别	OID 影响因素		影响范围
OID 减值	订单违约交单	容忍期内完成	单一市场
		强制执行	
	还贷及利息违约	容忍期内完成	全部市场
		强制执行	
	付款收货违约	容忍期内完成	全部市场
		强制执行	
	年初现金为负	现金为负	全部市场
	支付费用违约	容忍期内完成	全部市场
		强制执行	

注：当年初现金为负值时，全部市场的 OID 值减 0.2。

OID 增减相关的经营操作如附表 3-7 所示。

附表 3-7　OID 增减相关的经营操作

序号	动作	岗位	本地 OID	区域 OID	国内 OID	亚洲 OID	国际 OID	是否容忍	扣减违约金
1	交货无违约	系统	+	+	+	+	+	无	无
2	市场份额	系统	+	+	+	+	+	无	无
3	贷款无违约	系统			+			无	无
4	付款收货无违约	系统			+			无	无
5	订单违约交单	销售	−	−	−	−	−	有	有
6	取消订单强制扣除违约金	销售	−	−	−	−	−	有	有
7	原料订单延迟收货违约	采购			−			有	有
8	取消原料订单强制扣违约金	采购			−			有	有
9	零售市场出售原料未能履约	采购			−			有	有
10	零售市场出售产品未能履约	销售			−			有	有
11	代工延迟收货违约	销售			−			有	有

(续表)

序号	动作	岗位	本地 OID	区域 OID	国内 OID	亚洲 OID	国际 OID	是否容忍	扣减违约金
12	取消代工订单并强制扣除违约金	销售			–			有	有
13	贷款延迟还款违约	财务			–			有	有
14	强制扣除应还贷款及违约金	财务			–			有	有
15	贷款利息延迟支付违约	财务			–			有	有
16	强制扣除应还贷利息及违约金	财务			–			有	有
17	延迟支付维修费违约	财务			–			有	有
18	强制扣除维修费及违约金	财务			–			有	有
19	延迟支付厂房租金违约	经理			–			有	有
20	强制扣除厂房租金及违约金	经理			–			有	有

由上可知，企业在某个市场中的知名度与该市场的广告和经营诚信度有关，具体计算公式如下。

某市场企业知名度的量化计算值= 该市场当前 OID 值 ×(该市场当前年战略广告 ×第一年有效权重 + 上年战略广告 × 第二年有效权重 + 前年战略广告 × 第三年有效权重) + 该市场当前的促销广告

注：广告和各年有效权重见"广告规则"。

8. 销售类型与订单分配

销售类型分为订货、临时交易、现货。

1) 订货

订货会在每年年初举行。

2) 临时交易

临时交易是在年中运行期内发生已被分配的订单取消时，重新设定"价格"和"交货期"后在"临时交易"市场中进行交易的活动。

(1) 临时交易的规则。

临时交易发生在年中(1—12 月)的运行期间，若年初订货会中已分配的订单被其他队伍违约取消，则可在订货会的"临时交易"中进行申请分配操作。

(2) 临时交易触发的条件。

当某公司的订单进入容忍期时，将向所有公司的销售总监发布临时交易市场订单预告，预告信息包括市场名、产品名、产品数量、预计上架日期等。

当容忍期的订单被取消时，取消当日进入"临时交易"市场。

如果预告的临时订单在容忍期完成交货，则不再进入"临时交易"市场。

3) 现货市场订单

每年均可在"现货市场"中根据现货市场价格进行产品和原料的买进或卖出交易活动。现货交易过程无须市场准入;现货交易直接现金结算。

9. 商业情报收集

在比赛过程中,其他参赛队的经营状况有两个途径进行收集,具体如下。

(1) 每年年初订单分配后,可从订货会窗口中的"订单分配详情"功能处获取,可以通过"产品""获取人""市场"3 个条件任意组合进行过滤筛选,获得整个市场的订单获取情况。

(2) 每年年末,总经理操作获取各队公司详情。现金为负的队伍无法获取情报。

10. 经营报表操作规则

经营报表格式与数据来源如下。

1) 费用表(见附表 3-8)

附表 3-8　费用表

序号	项目	填报岗位
1	管理费	财务
2	广告费	经理
3	设备维护费	财务
4	转产及技改	财务
5	租金	经理
6	市场准入投资	经理
7	产品研发	经理
8	ISO 资格投资	经理
9	信息费	经理
10	培训费	财务
11	基本工资	财务
12	费用合计	=本表 1~11 项之和

2) 利润表(见附表 3-9)

附表 3-9　利润表

序号	项目	数据来源
1	销售收入	产品销售"收入"合计项
2	直接成本	产品生产"成本"合计项
3	毛利	=本表 1 项 - 2 项
4	综合费用	费用表"费用合计"项
5	折旧前利润	=本表 3 项 - 4 项
6	折旧	财务统计表

(续表)

序号	项目	数据来源
7	支付利息前利润	= 本表 5 项 − 6 项
8	财务费用	财务统计表
9	营业外收支	财务、原料统计表
10	税前利润	= 本表 7 项 − 8 项 + 9 项
11	所得税	财务统计表
12	净利润	= 本表 10 项 − 11 项

注：表中"本年发生"栏数据取自本年的"费用表"和岗位统计表，数据采集的说明详见"费用表"及相关岗位任务中报表部分的说明。

3) 资产负债表(见附表 3-10)

附表 3-10　资产负债表

序号	表项	年初数（上年期末数）	期末数
1	现金		财务统计
2	应收款		财务统计
3	在制品		生产统计
4	产成品		销售统计
5	原材料		采购统计
6	流动资产合计		= 本栏 1～5 项之和
7	土地和建筑		经理统计
8	机器与设备		生产统计
9	在建工程		生产统计
10	固定资产合计		= 本栏 7 项 + 8 项 + 9 项
11	资产总计		= 本栏 6 项 + 10 项
12	长期负债		财务统计
13	短期负债		财务统计
14	应付款		财务统计
15	应交税金		= 本年利润表 11 项
16	负债合计		= 本栏 12 项 + 13 项 + 14 项 + 15 项
17	股东资本		财务统计
18	利润留存	*	*= 本表年初 18 项 + 年初 19 项
19	本年利润	*	= 本年利润表 12 项
20	权益合计		= 本栏 17 项 + 18 项 + 19 项
21	负债+所有者权益总计		= 本栏 16 项 + 20 项

注：表中"年初数"栏数据取自上年的"资产负债表"；"期末数"栏的数据取自本年的"利润表"及相关岗位的本年统计表，数据采集的说明详见"利润表"和相关岗位任务中报表部分的说明。特别注意的是标注"*"的数据，在制作本表时，"年初数"是上年末的"资产负债表"的"期末数"栏的数据，所以制作本表时，需要从上年的"资产负债表"中提取数据。

11. 比赛结果评分

评分方法如附表 3-11 所示。

附表 3-11　评分方法

分值项	分值	评分方法	审核方法	公布方法
经营结果得分	100 分	以第四年的系统分数排名顺序确定评分	现场裁判审核	选手签字确认
报表减分	1 分/年	每年结束后裁判核对各组报表填写情况	参赛选手、现场裁判、监督签字	选手签字确认

特别说明:

➢　报表审核只审核"资产负债表"。

➢　全部正确是指报表各项(除所得税外)与系统报表数据完全相同。

➢　考虑计算工具的误差,所得税项与系统数据允许误差 0.01。

系统分数的计算公式如下。

第四年的系统分数 = 第四年 OID 平均值 × 当年权益

其中,"OID 平均值"是各市场的 OID 值的平均数。

第四年分数排名评分标准如附表 3-12 所示。

附表 3-12　第四年分数排名评分标准

分数排名	得分	分数排名	得分
1	100	11	70
2	97	12	67
3	94	13	64
4	91	14	61
5	88	15	58
6	85	16	55
7	82	17	52
8	79	18	49
9	76	19	46
10	73	20	43

F3.3　总经理相关技术规则

1. 总经理任务清单(见附表 3-13)

附表 3-13　总经理任务清单

序号	运行期	任务
1	年初	市场开发投资
2	年初	ISO 认证开发投入申请
3	年初	投放促销广告
4	年初	参加订货会，获取订单
5	年初、年中	预算经费申报
6	年中	控制推进日期
7	年中	战略广告投放
8	年中	购买/租用厂房
9	年中	厂房处理
10	年中	产品研发投资
11	年末	商业情报收集
12	年中、年末	填报总经理报表，报表上报

2. 市场资质研发规则(见附表 3-14)

附表 3-14　市场资质研发规则

每次(年)投资额(万元)	本地市场研发投资次数	区域市场研发投资次数	国内市场研发投资次数	亚洲市场研发投资次数	国际市场研发投资次数	ISO 9000研发投资次数	ISO 14000研发投资次数
20	已完成	已完成	1	1	2	1	1

操作时间：年初

(1) 每年年初阶段进行投资，下年年初阶段完成此次研发；最后一次投资后，下一年资质才能生效。

(2) 每年每个市场/ISO 认证只能进行一次投资。

3. 产品生产资质研发规则(见附表 3-15)

附表 3-15　产品生产资质研发规则

序号	产品标识	投资期	每期投资额(万元)	每期天数(天)
1	P1	1	10	30
2	P2	2	10	30
3	P3	3	10	30
4	P4	4	10	30
5	P5	6	10	30

操作时间：年中

(1) 以每期投资额投入的日期开始计时，经过"每期天数"之后，完成一期研发。

(2) 每期研发完成后，即：上一期研发到期日的第二天(如到期日是 2 月 28 日，可以开始下一期研发投入的时间是 3 月 1 日)，才能开始下一期投资研发。

(3) 最后一次投资研发到期后，系统自动授予产品生产资质(注：最后一次研发结束日的第二天资质才能生效)。

(4) 只有获得产品资质后才允许生产线开工生产。

(5) 产品生产资质不允许转卖。

4. 厂房使用规则(见附表 3-16)

附表 3-16　厂房使用规则

序号	厂房标识	生产线容量	购买价格	每年租金	出售账期	租金违约金比例	违约容忍期限	OID减数1	OID减数2
1	A	4	300	66	100	0.1	30	0.1	0.1
2	B	4	300	66	100	0.1	30	0.1	0.1
3	C	4	300	66	100	0.1	30	0.1	0.1
4	D	4	300	66	100	0.1	30	0.1	0.1

操作时间：年中

1) 厂房购买

在总经理室可进行厂房购买操作。

2) 厂房租用及退租

(1) 厂房租用以一年为期(租用开始日期至下一年到期日前)，每年需支付租金。

(2) 租金到期前 30 天可进行续租支付，且到期日(含当天)前必须支付下一年租金，否则违约。租金违约容忍期内支付租金的，需支付租金及违约金，并扣减所有市场 OID(OID 减数1)；过了容忍期仍未支付租金的，系统将强制扣除租金及违约金，并扣减所有市场 OID(OID 减数1 及减数2)。

(3) 厂房退租，可通过出售厂房中全部生产线，并单击"厂房退租"。

3) 厂房租转买。

租用厂房后，可以随时进行租转买操作，扣除购买费用，租金不予退还。

4) 厂房买转租

(1) 购买的厂房改为租用，需先支付一年租金，成功后，再出售厂房。

(2) 出售厂房后的回款以购买时的价格计入"应收款"，账期为"出售账期"。

5. 广告和企业知名度规则(见附表 3-17)

附表 3-17 广告和企业知名度规则

广告类型	投放时间	市场	广告效应延迟时间	广告基数	第一年有效权重	第二年有效权重	第三年有效权重
战略	年中	分市场	3 年	投入该市场有效战略广告总和	0.6	0.3	0.1
促销	年初订货会前	分市场	当年有效	该市场的促销广告总和	1	0	0

1) 广告类型

广告分为"战略"和"促销"两类。

(1) "促销"广告只能在"年初"订单申请前进行投放，直接用于本年度企业知名度排名，本年"年中"运行开始后，促销广告不再影响企业知名度排名。

(2) "战略"广告在"年中"可随时投放，但是只在每季度末进行计算，下一季度 1 号显示上一季度最终知名度排名，即：年初显示当前排名，第一季度显示年初排名，第二季度显示第一季度排名。战略广告对知名度有延续 3 年的影响，即投放的广告参与各年(3 年)知名度计算。

这两类广告均为分市场投放，用于本市场提升"企业知名度"排名。

2) 企业知名度计算

企业在某个市场中的知名度与该市场的广告和经营诚信度有关，具体计算公式如下。

某市场企业知名度的量化计算值 = 该市场当前 OID 值 × (该市场当前年战略广告 × 第一年有效权重 + 上年战略广告 × 第二年有效权重 + 前年战略广告 × 第三年有效权重) + 该市场当前的促销广告

注：广告和各年有效权重见"广告规则"。

6. 控制推进日期的操作规则

操作时间：年中

日期只能向后推进，无法向前推进。例如，当前时间为 3 月 1 日，可将日期推进到 3

月 15 日，但无法将日期从 3 月 15 日推进回 3 月 1 日。

7. 总经理报表

总经理应在每年的经营中，按照下列项目填报"总经理统计报表"，填报时，只需填报"金额"栏，并按照各项的"金额项填报说明"，汇总当年发生的金额数据填报。

附表 3-18 中的"更新'目标表'的表项说明"说明所填报的项目的金额将更新公司经营报表中的表格及项目。

附表 3-18　总经理报表填报项目

项目	"金额"项填报说明	更新"目标表"的表项说明
广告费	当年战略和促销广告投放总额	"费用表"广告费(第 2 项)
租金	当年支付的厂房租金	"费用表"租金(第 5 项)
市场准入投资	当年市场资质投资总额	"费用表"市场准入投资(第 6 项)
产品研发	当年产品研发资质投资总额	"费用表"产品研发(第 7 项)
ISO 资格投资	当年 ISO 资质投资总额	"费用表"ISO 资格投资(第 8 项)
信息费	当年购买商业情报的总费用	"费用表"信息费(第 9 项)
厂房价值	当前已购买的厂房总价值	"资产负债表"土地建筑(第 7 项)

注：统计报表可以在"年中"和"年末"的任何时间进行填报，每次填报后单击"暂存"按钮保存数据，或者单击"提交"按钮更新经营报表。

F3.4　采购总监相关技术规则

1. 采购总监任务清单(见附表 3-19)

附表 3-19　采购总监任务清单

序号	运行期	任务
1	年初	参加订货会，获取订单
2	年初、年中	预算经费申报
3	年中	原料市场预定原料
4	年中	原料仓库收货和付款
5	年中	现货交易市场出售原料
6	年中	现货交易市场购买原料
7	年中、年末	填制采购统计表

2. 原料采购规则(见附表 3-20)

附表 3-20　原材料采购规则

序号	供应商标识	原料标识	单价	当前数量	质保期(天)	交货期(天)	违约金比例	违约容忍期(天)	OID1	OID2	处理提前期(天)
1	系统供应商	R1	10	2000	100	20	0.2	20	0.1	0.1	30
2	系统供应商	R2	10	2000	100	20	0.2	20	0.1	0.1	30
3	系统供应商	R3	12	2000	100	20	0.2	20	0.1	0.1	30
4	系统供应商	R4	12	2000	100	20	0.2	20	0.1	0.1	30

1) 原料采购市场

(1) 原料市场中，公司可向系统购买原材料。

(2) 市场原材料的数量每季各不相同，以系统当年各季度数据为准。

2) 原料预订及收货

(1) 原料供货需提前预订，预订不需要预付费用；原料订货订单下达之日起，根据附表 3-20 中的"交货期"确定收货日期。

① 在收货日期当天可以进行收货操作。

② 若当天未完成收货操作，第二日起进入收货违约容忍期(见附表3-20)，在容忍期间仍可以进行收货操作，但需缴纳违约金(与货款一同缴纳)，同时扣减所有市场的 OID 减数 1。

③ 若超过违约容忍期仍未完成收货，系统将强制取消订单，从财务账户强制扣除违约金，同时扣减所有市场的 OID 减数 1 和 OID 减数 2。

(2) 原料订单取消，则被取消的原料当天补充返回"现货交易市场"的原料订单，且该材料该年的出售单价改为"原料订货大厦"原料价格的两倍，可继续被订货，年末刷新。

(3) 单击"收货"按钮时，系统将从采购总监账户划转资金，支付原料采购费用，同时收货。若采购总监账户资金不足，则收货操作失败。

3) 原料出售与失效

(1) 原料的"质保期"(见附表 3-20)从到货日开始计算，在"失效日期"(含当天)内，原料可以上线生产。原料失效天数在"提前处理期"(见附表 3-20)以上的，可以进行销售。

(2) 原材料"失效日期"过后的第一天，系统强制清除失效原料。

为避免原料采购中恶意占用资源的行为发生，在每次下原料订单时，当订购原材料价值超过企业总价时，无法订购原材料。即当"现金总量"+"当前应收"+"当前贷款剩余额度"+"在产品价值+产成品"×3 < 本次订购原料价值+未收货原料价值时，无法进行原料订货。

具体判断方法如下。

(1) 先判断现金，若现金 > 本次订购原料价值 + 未收货原料价值时，则不受限制；若现金 < 本次订购原料价值 + 未收货原料价值时，再接着判断。

(2) 判断"现金 + 当前应收",若大于"本次订购原料价值 + 未收货原料价值",则不受限制;若小于,则继续判断。

(3) 判断"现金 + 当前应收 + 当前贷款额度",若大于"本次订购原料价值 + 未收货原料价值",则不受限制;若小于,则继续判断。

(4) 判断"现金 + 当前应收 + 当前贷款额度 + (在产品价值 + 库存价值)×3",若大于"本次订购原料价值 + 未收货原料价值",则不受限制;若小于,则提示资金风险,无法订购。

3. 现货交易规则(见附表 3-21)

附表 3-21　现货交易规则实例

序号	商品标识	当前可售数量	市场出售单价(万元)	市场收购单价(万元)	出售质保期(天)	交货期(天)	年份
1	R1	20	20	5	50	0	1
2	R2	20	20	5	50	0	1
3	R3	20	24	6	50	0	1
4	R4	20	24	6	50	0	1

1) 现货交易

现货市场的交易均为现金现货交易,购买时,按照"市场出售单价"(见附表 3-21)从采购总监现金账户中划转资金。若资金账户不足,则终止交易。

出售时,公司出售给现货市场的原料的失效天数在"处理提前期"(见附表 3-20)之前的,按照"市场收购单价"(见附表 3-21)进行计算。系统自动按照先进先出的原则和处理提前期的原则,提取公司原材料库存,若原材料库存不足,则交易失败。

2) 现货交易市场的原材料数量及价格

现货市场的订单各年均以附表 3-21 中列出的数量为基准,有公司购买成功,则减少相应数量;有公司销售成功,则增加相应数量。

4. 采购总监报表

原料统计表如附表 3-22 所示。

附表 3-22　原料统计表

原料	库存原料数量(件数)	库存原料价值(万元)	零售(含拍卖)收入(万元)	零售(含拍卖)成本(万元)	失效和违约价值(万元)
R1					
R2					
R3					
R4					

注:表中的所有数据均按正数填入。

附表 3-22 中各数据项将用于合成三表,合成方式如下。

(1) 表中各原料"库存原料价值"合计后，记为"资产负债表"的"原材料"项的"期末数"。

(2) 表中各原料(零售收入 – 零售成本)合计后，记为"利润表"的"营业外收支"项的金额。

(3) 表中各原料的"失效和违约价值"合计后，以负数并入"利润表"的"营业外收支"项的金额。

填报报表时的数据来自各个原料本年的以下数据。

(1) 库存原料数量：当前的库存数量(在当前库存中查询)。

(2) 库存原料价值：当前库存价值的总金额(在当前库存中查询)。

(3) 零售(含拍卖)收入：当年在现货市场卖出原料和在拍卖市场卖出原料的总收入(需要在零售时记录)。

(4) 零售(含拍卖)成本：当年在现货市场卖出和在拍卖市场卖出时出库的总成本(需要在零售时记录)。

(5) 失效和违约价值：当年被强制清除的过期原料价值(需要查询相关消息统计)，以及收货违约产生的违约金和订单取消产生的收货违约金(查询当年的采购订单获得)。

F3.5 生产总监操作相关规则

1. 生产总监任务清单(见附表 3-23)

附表 3-23 生产总监任务清单

序号	运行期	任务
1	年初	参加订货会
2	年初、年中	预算经费申报
3	年中	新建生产线
4	年中	转产/技改生产线
5	年中	出售生产线
6	年中	全线推进(厂房内的所有生产线的状态推进)
7	年中	全线开产(厂房内的所有生产线上线开产)
8	年中、年末	填制生产报表

2. 生产线规则(见附表 3-24～附表 3-27)

附表 3-24　生产线参数

序号	生产线标识	安装每期投资	安装期数	每期安装天数	生产期数	每期生产天数	残值	技改期数	每期技改天数	每期技改费用	技改提升比例
1	手工线	50	0	0	2	60	5	1	30	40	0.20
2	自动线	50	3	30	1	90	15	1	10	20	0.20
3	柔性线	50	4	30	1	60	20	1	10	20	0.20

附表 3-25　转产参数

转产期数	每期转产天数	每期转产费用	提取折旧天数	维修费	操作工人总数	初级以上人数	中级以上人数	高级以上人数	技改次数上限	折旧年限
0	0	0	360	5	3	3			2	6
1	10	30	360	15	2		1		1	6
0	0	0	360	20	2			1	1	6

附表 3-26　计件工资参数

工种	初级工	中级工	高级工
计件工资	4	5	6

附表 3-27　工人数量

工种	初级工	中级工	高级工
数量	50	50	30

1) 生产线安装

生产线需经过"安装期数"(见附表 3-24)才可完全建成,每期需要投入时间"每期安装天数",投入资金"每期安装投资"。计算公式如下。

$$生产线建成总价 = 安装期数 × 每期安装投资$$
$$生产线建成时间 = 安装期数 × 每期安装天数$$

生产线安装完一期(到期当天或之后),需通过"全线推进"结束本期,开启下一期。当生产线仍有下一安装期时,安装投资将从生产总监资金账户中划拨。若金额不足,则推进失败。

2) 生产线生产

生产线生产有以下先决条件。

➢ 需拥有该产品生产资质。

➢ 有充足的原材料。

➢ 公司内有足够的操作工人。

➢ 生产总监账户中资金需足够支付工人工资。

满足产品生产条件后,单击"全线开产",开启生产周期。计算公式如下。

$$产品生产时间 = 生产期数 \times 每期生产天数$$

当产品生产完成(到期当天或之后)，需单击"全线推进"，进入下一个生产期或完成生产；否则产品将一直处于"加工中"状态。

每种生产线需要相应的操作工人完成，其中有以下两个重要参数。

➤ 操作工总数：每类生产线必需的操作工人数。

➤ 操作工级别：每类生产线要求的最低级别操作工人数。当要求的最低级别人数不够时，可以由高于本级别的工人代替，但相应的计件工资会提高(不同级别的工人计件工资参数见附表3-26)。

3) 生产线技改及转产

(1) 技改。对安装完成的生产线，通过技术改造减少"每期生产天数"，一次技改减少生产天数=当前每期生产天数 × 技改提升比例。即一次技改后的生产周期变为"原生产周期 × (1 - 技改效率)"，取整方式为四舍五入。例如，原生产效率为66天，技改提升效率为0.25，技改一次后的生产效率为66 × (1 - 0.25) = 49.5，四舍五入后，结果为50天。

(2) 转产。当生产线变换生产品种时，需进行生产线转产。转产有两个条件：①只能在"停产"状态启动转产操作；②生产总监的资金账户必须有足够支付转产费用的资金。

4) 生产线相关费用计算

(1) 折旧。生产线建成后360天内不计提折旧，之后每年提取一次折旧，提取的时间是：建成第361天计提第一次折旧，第721天计提第二次折旧，依次类推，直到建成后的第七年提取最后一次折旧后，不再进行折旧操作。

$$提取的折旧额 = (生产线总价值 - 生产线残值) \div 折旧年限$$

(2) 维修费。建成的生产线按年缴纳维修费，以建成当天开始计算，每年的这一天就是支付维修费的截止日。

5) 生产线残值与出售

当生产线净值≥生产线残值时，需要提折旧；当出售生产线时，只能按照生产线残值出售。

3. 产品物料清单(见附表3-28)

附表3-28 产品物料清单

序号	产品标识	R1(件数)	R2(件数)	R3(件数)	R4(件数)	P1(件数)	P2(件数)	P3(件数)	P4(件数)
1	P1	1							
2	P2	1	1						
3	P3		1	2					

(续表)

序号	产品标识	R1 (件数)	R2 (件数)	R3 (件数)	R4 (件数)	P1 (件数)	P2 (件数)	P3 (件数)	P4 (件数)
4	P4	2			2				
5	P5	1	1	3	1				

产品物料清单是一个产品构成的所用原料或产品的件数,或者称产品的生产配方。组织生产时,需要按照此配方准备原材料。

4. 生产预配操作规则

生产预配分为手动预配和自动预配两种。

1) 手动预配

操作规则如下。

(1) 将下次上线生产的原材料从库房配送到指定的生产线。原材料按照先进先出的原则,出库到生产线(原料库存减少)。

(2) 将操作工人指派到指定的生产线。

(3) "生产预配"可以在年初及年中的任意时间进行操作,生产线在停产、生产、技改、转产时均可以进行生产预配。

2) 自动预配

单击"全线开产"按钮,自动预配,并开始生产。操作规则如下。

(1) 生产线原则:按编号顺序依次进行预配。

(2) 材料原则:按先进先出原则。

(3) 工人原则:在满足生产要求的情况下按优先低级原则。

5. 生产总监操作规则

生产总监通过对各厂房进行"全线开产"和"全线推进"两个操作,对厂房中的生产线进行"开产"和"推进"操作。

1) 全线开产

全线开产是对厂房内所有生产线进行生产操作。

2) 全线推进

全线推进是对厂房内所有生产线进程的推进操作,完成操作或开启下一期。操作规则如下。

(1) 投资建线中的"投资期"完成并推进到下一投资期开始(包括最后一期推进完成建线)。

(2) 生产操作的"加工期"完成并推进到下一期开始(包括最后一期加工到期后只有推进才能让产品完工下线)。

(3) 转产操作的"转产期"完成并推进到下一转产期开始(包括最后一期转产到期只有

推进后才能结束转产)。

(4) 技改过程的"技改期"完成并推进到下一技改期开始(包括最后一期技改到期后,只有推进才能结束技改)。

当不让生产线进行"全线开产"和"全线推进"操作时,选择"冻结";当让生产线参加"全线开产"和"全线推进"操作时,选择"解冻"。

6. 生产总监报表

在制品统计报表如附表 3-29 所示。

附表 3-29　在制品统计报表

在制品	P1	P2	P3	P4	P5
数量					
价值					

注:产品"在制品价值"合计后并入"资产负债表"的"在制品"项目的年末数。

生产设备统计报表如附表 3-30 所示。

附表 3-30　生产设备统计报表

生产线	手工	自动	柔性
总投资			
累计折旧			
在建已投资额			

注:各生产线的"总投资合计-累计折旧合计"(生产线净值)并入"资产负债表"的"机器与设备"项的"期末数"。各生产线的"在建已投资额"合计数并入"资产负债表"的"在建工程"项的"期末数"。

填报时的数据采自生产线本年状态数据,具体如下。

(1) 在制品数量:当前所有生产线正在生产的产品数量(在当前生产线详细资料中查询)。

(2) 在制品价值:当前所有生产线上的在制品总价值(包括原料成本和计件工资),数据来源于当前生产线详情。

(3) 生产线总投资:当前生产线的总价值,即生产线原值总和。

(4) 生产线累计折旧:当前生产线的累计折旧合计。

(5) 在建已投资额"当前在建的生产线已经投入的资金总和,即不管何时开始投建的生产线,只要是当前的状态是在建,则记为"在建已投入资金"。

F3.6 销售总监相关技术规则

1. 销售总监任务清单(见附表 3-31)

附表 3-31　销售总监任务清单

序号	运行期	任务
1	年初	参加订货会,获取订单
2	年初、年中	预算经费申报
3	年中	产品交货
4	年中	现货交易市场出售产品
5	年中	现货交易市场购买产品
6	年中	临时交易市场获取订单
7	年中、年末	填制库存和产品统计表

2. 订单相关规则

1) 订货会

订货会是每年年初企业在订货会分市场集中获取订单的过程。

2) 订单状态

当年分配的所有订单,均可在产品仓库订单中查询。每张订单都会标有状态,如附表 3-32 所示。

附表 3-32　销售订单状态说明

状态	状态印章	状态说明	下一步操作
订单未交货	未完成	正常未交货订单	交货
订单正常交货	完成	正常交货	收应收款
容忍期内未交货的订单	违约未完成	可以交货(计算违约金)	交货
容忍期内交货	违约完成	在容忍期内完成交货	收应收(扣除违约金)
容忍期后未交货	取消	取消订单并强扣违约金	强扣违约金

3) 订单交货与取消规则

订单交货规则如附表 3-33 所示。

附表3-33 订单交货规则

序号	市场	订单违约金比例	违约容忍期限(天)	OID减数1	OID减数2	临时延期交货时间(天)	临时单价放大倍数
1	本地	0.2	30	0.3	0.1	90	1
2	区域	0.2	30	0.3	0.1	90	1
3	国内	0.2	30	0.3	0.1	90	1
4	亚洲	0.2	30	0.3	0.1	90	1
5	国际	0.2	30	0.3	0.1	90	1

(1) 所有订单必须在订单规定的交货日期前(包括当日)，按照订单规定的数量交货。订单不能拆分交货。

(2) 交货日期后的第一天还未完成交货的订单被标注为"违约未完成"状态，进入容忍期。在容忍期间仍然可以进行交货操作，但系统会计算"违约金"并扣减诚信度OID1。如果完成交货，违约金将从应收款中扣除。

(3) 容忍期结束日之后，仍未执行交货的订单被派放到临时交易市场。原订单标注为"取消"状态，不能执行交货操作，同时强制扣除违约金和诚信度OID2。

(4) 容忍期截止日期跨年的订单，可以保留到下一年。下一年完成交货后，计入下一年的销售收入；下一年不能完成的违约订单，将被直接取消，扣减 OID2，但不进入下一年的"临时交易"市场，扣除的违约金计入下一年的报表。

(5) 交货完成的日期是应收账期的起点日期。

3. 临时交易订单规则

"临时交易"在年中运行期内发生已被分配的订单取消时，重新设定"价格"和"交货期"后在临时交易市场中进行交易的活动。

1) 临时交易的规则

临时交易发生在年中(1—12月)的运行期间，若年初订货会中已分配的订单被其他队伍"违约取消"，则可在订货会的"临时交易"中进行申请分配操作。

2) 临时交易出现的条件

当某公司的订单进入容忍期时，将向所有公司的销售总监发布临时交易市场订单预告，预告信息包括市场名、产品名、产品数量、预计上架日期等。

(1) 当容忍期的订单被取消时，取消当日按市场进入临时交易市场。若该订单为第二次被取消，则不进入临时交易市场。

(2) 如果预告的临时订单在容忍期完成交货，则不再进入临时交易市场。

(3) 订单交货期自原订单取消之日起，按系统设置天数后延。订单产品单价根据市场情况，可能与原订单不同。

(4) 如果临时交易订单直到交货日到期后的第一天仍然还有剩余的产品数量没有被申

请，则该订单将被取消，并且不再进入临时交易市场进行交易。

(5) "临时市场"未分配的订单不跨年，即本年结束后，撤销"临时交易"市场中所有未分配的订单。若取消订单容忍期在本年结束后，则不进入临时市场。

3) 临时交易的接取条件

(1) 临时交易分市场进行，需有该市场资质。

(2) 获取临时交易订单的资质要求与订货会的要求一样，除此之外还要求公司本年在该市场中没有违约交货的记录(包括"违约完成"和"取消"的记录)，否则将不能获取本市场的临时交易订单。

(3) 临时交易订单只能被运行在临时订单发生日期之后的公司查看到，运行时间在临时订单发生日期之前的公司将无法看到该订单。

(4) 临时交易订单分配按照操作的系统时间先后顺序进行分配，与企业运行日期和企业知名度排名无关，即按照提交申请的系统时间确定先后。

> 如果分配时订单产品剩余数量大于等于申请数量，则全数分配。

> 如果分配时订单产品剩余数量小于申请数量，则按剩余数量分配。

> 如果分配时订单产品剩余数量为0，则停止分配。

(5) 临时交易订单可以被分割获得，即可以获取订单中的部分产品数量；临时交易订单可以被部分批准，即订单剩余产品数量小于申请数量时，按剩余产品数量分给申请公司(申请公司只能取得部分申请的产品数量)。

(6) 临时交易中多次申请同一张订单成功，若没有交货，则按照单号合并成一张订单，其中产品数量等于多张订单产品数量之和，已交货的订单除外。

(7) 已分配的临时交易订单交货期跨年，可以保留到跨年交货，销售收入计入下一年。

4. 现货交易规则

现货市场订单实例如附表 3-34 所示。

附表 3-34　现货市场订单实例

序号	商品标识	当前可售数量	市场出售单价(万元)	市场收购单价(万元)	出售质保期(天)	交货期(天)	年份
1	P1	20	100	30	0	0	1
2	P2	20	100	40	0	0	1
3	P3	20	200	50	0	0	1
4	P4	20	200	60	0	0	1

现货交易规则如下。

(1) 现货市场的订单各年均为附表 3-34 列出的数量。

(2) 现货市场的交易都是现金现货交易，买卖成交后，先从销售岗现金账户中划转资金，再从市场中转移产品。如果账户资金不足，则终止交易。

(3) 现货市场采购产品的价格是附表3-34中的"市场出售单价"，而公司出售产品的单价按照附表3-34中的"市场收购单价"计算。

(4) 公司出售给现货市场的产品成交后，增加当期的现货市场产品的库存量。

5. 销售总监报表

产品统计表如附表3-35所示。

附表 3-35 产品统计表

项目	数量	订单收入	违约罚款	销售成本	产品库存数	库存价值
P1						
P2					当前的产品库存数量	当前库存产品的价值
P3						
P4						
P5						

注：表中的"订单收入－违约罚款"按产品并入"产品统计表"的产品"收入"项；"销售成本"按产品并入"产品统计表"的产品"成本"项。

附表 3-35 中的各项填写规则如下。

(1) 数量：填写当年已交货的订单，可以从当年的产品库存的单据中查询，这些出库包括以下几项。

➤ 年初订货会订单交货出库。

➤ 现货市场销售出库。

➤ 临时交易市场已交货订单。

(2) 订单收入：按照附表3-36所示的算法进行销售收入的计算汇总。

附表 3-36 销售收入计算规则

销售操作	销售总额 (数量×单价)	违约金 (销售总额×违约比例)	销售收入计算
订单按期交货	订单总额	0	订单总额－0
订单违约交货	订单总额	订单总额×违约比例	订单总额×(1－违约比例)
订单违约取消	0	订单总额×违约比例	0－违约金
现货零售	产品出售总价	0	产品出售总价－0

其中：

① 订单总额：通过查询当年已完成的订单直接获取。

② 违约金：通过查询当年已处理(包括完成和取消)订单的"罚金"项直接获取。

③ 现货零售：需要在现货市场卖出产品时，自行记录或从消息中获得。

(3) 销售成本：查询当年已处理的订单中的"转出成本"项直接获取。

(4) 库存数量：直接从库存状态中获取。

(5) 库存价值：直接从库存状态中获取。

F3.7 财务总监相关技术规则

1. 财务总监任务清单(见附表3-37)

附表 3-37 财务总监任务清单

序号	运行期	任务
1	年初	参加订货会
2	全年	岗位现金申请审核并拨款
3	全年	资金调配(反向拨款)
4	年中	贷款申请
5	年中	每月支付费用(包括到期贷款和利息)
6	年中	提取应收款
7	年中	应收款贴现
8	年中、年末	填制财务统计报表
9	年末	审核年度报表并上报
10	全年	查询经营详情

2. 贷款类型及贷款方式

贷款规则说明如附表3-38所示。

附表 3-38 贷款规则说明

序号	贷款类型	还款/利息违约容忍期(天)	利息违约金比例	还款违约金比例	本金OID减数1	本金OID减数2	利息OID减数1	利息OID减数2
1	长贷	25/30	0.1	0.1	0.1	0.2	0.1	0.2
2	短贷	25/30	0.1	0.1	0.1	0.2	0.1	0.2

套餐详情如附表3-39所示。

附表 3-39　套餐详情

套餐名称	贷款期限	每期天数	贷款金额(每份)	利率
2 季短贷	2	90	10	0.05
3 季短贷	3	90	10	0.05
4 季短贷	4	90	10	0.05
2 年长贷	2	360	20	0.1
3 年长贷	3	360	20	0.1

(1) 贷款额度：上年权益×额度计算倍数(上年权益额从上年"资产负债表"提取)。

(2) 贷款类型：可以自由组合，但长短贷额度之和不能超出上年权益的 3 倍。

(3) 贷款申请时间：各年正常经营的任何日期(不包括"年初"和"年末")。

(4) 贷款类型：包括长期借款和短期借款。

➢ 长期借款：是指企业向银行借入的期限在一年以上(不含一年)的各项借款。企业可在年中任何日期申请长期贷款，每年付息，到期还本。

➢ 短期借款：是指企业向银行借入的期限在一年以内(含一年)的各项借款。企业可在年中任何日期申请短期贷款，到期一次付息还本。

(5) 贷款是以"套餐"方式提供，套餐中规定了每份套餐的具体参数。例如，2 季短贷套餐，一份 10 万元，使用期为 2 季(90 天/季)，贷款利息为年息 5%。申请贷款时，输入申请该套餐的份数，如 10 份，总贷款量即为 10 份 × 10 万元(套餐金额) =100 万元。

(6) 贷款/利息的还款规则如下。

➢ 系统每月 1 日提供本月到期贷款和利息的账单，但不提供具体到期日的信息(可以在"收支明细"查询具体到期日期)。

➢ 正常还款和还利息可以在贷款到期或利息到期日之前(包括到期日当天)操作,否则将进入容忍期，以及发生违约金和 OID 减数 1。

➢ 如果当月应还贷款进入容忍期(即违约未还)，则不能进行贷款操作(不论是否还有额度)。

3. 应收款和应收款贴现

贴现规则说明如附表 3-40 所示。

附表 3-40　贴现规则说明

序号	贴现费用率	贴现期(天数)
1	0.05	30
2	0.1	60
3	0.15	90
4	0.2	120

(1) 应收款：是企业应收但未收到的款项。

(2) 应收账期：是从确认应收款之日到约定收款日的期间。

(3) 贴现：是指债权人在应收账期内，贴付一定利息提前取得资金的行为。不同应收账期的贴现利息不同(注：贴现期 30 天的贴现率，是指含 30 天以内的贴现率均为 0.05，60天为大于 30 且小于等于 60 天的贴现率)。

4. 应交费用计算和缴纳

费用计算规则如附表 3-41 所示。

附表 3-41　费用计算规则

序号	费用类型	算法	计算值(万元)	费用比例	扣减资源	计算时间	是否手工操作
1	管理费	固定常数	5	1	现金	每月 1 日	是
2	维修费	生产线原值×费用比例	计算	0.1	现金	满 360 天	是
3	折旧	(生产线原值 − 残值) ÷ 折旧年限	计算	1	生产线净值	满 360 天	系统自动扣除
4	所得税	(当年权益 − 纳税基数) × 费用比例	计算	0.2	现金	每年年末	系统自动扣除

每月 1 日，系统按照附表 3-41 中规定的计算方式，自动计算出本月应交的费用项，分别列示在当月应交费用表内；利息和银行还款也被列在本费用表中一并处理。

费用支付有系统自动扣减和手动支付两种。

(1) 自动扣减项：在当月计算后，系统自动执行支付，如所得税和折旧。

(2) 手动支付项：在本月的任何日期，先手动选择费用项，再单击"支付"按钮执行支付，被选定的费用项全额支付。

如果费用项有指定的到期支付日期(如生产线维修费 16 日为到期日)，则需在到期日之前(包括到期日当日)支付，否则按违约处理。

(1) 本月内到期的费用可以选择提前支付。

(2) 如果某种费用支付截止日前未完成支付操作，则被记为违约费用，需要额外计算违约金(违约金 = 费用本金 × 违约比例)，此时显示的应支付费用即为费用本金 + 违约金。

(3) 本月费用没有在 30 日前(包括 30 日)支付，将合并到下月费用中。但上月未交费用为违约未交状态，并按照设定的违约金比例计算违约金，违约金将被合并到下月费用中。

(4) 如果容忍期内仍然没有完成支付，则系统将强制扣除违约的费用及违约金，并按照附表 3-41 中的规则扣减全市场的 OID 减数 1 及 OID 减数 2。

本年 12 月份，将对本年的所有费用进行强制清缴，即：

(1) 12 月份的所有费用的容忍期到期日调整为 12 月 29 日。

(2) 12 月 30 日即对所有未交费用按照强制扣除处理，并按照 OID 减数 1、OID 减数 2 扣减所有市场的 OID。

费用违约规则说明如附表 3-42 所示。

附表 3-42　费用违约规则说明

序号	费用明细	是否扣减全部市场 OID	违约金比例	违约容忍期限（天）	OID 减数 1	OID 减数 2
1	管理费	是	1	30	0.1	0.1
2	所得税	否	0	30	0	0
3	折旧	否	0	30	0	0
4	维修费	是	0.2	30	0.1	0.1
5	基本工资	否	0	30	0	0
6	员工福利	否	0	30	0	0

5. 财务总监报表

财务总监统计报表如附表 3-43 所示。

附表 3-43　财务总监统计报表

资金项目	金额	目标表表项
管理费		"费用表"管理费(第 1 项)
设备维修费		"费用表"设备维修费(第 2 项)
转产及技改		"费用表"转产及技改(第 3 项)
基本工资	金额为 0	"费用表"基本工资(第 10 项)
培训费	金额为 0	"费用表"培训费(第 11 项)
*财务费用		"利润表"财务费用(+)(第 9 项)
本年折旧		"利润表"折旧(+)(第 5 项)
其他支出合计		"利润表"销售(-)(第 9 项)
现金余额		"资产负债表"现金(第 1 项)
应收款		"资产负债表"应收款(第 2 项)
应付款		"资产负债表"应付款(第 14 项)
长期贷款余额		"资产负债表"长期贷款(第 12 项)
短期贷款余额		"资产负债表"短期贷款(第 13 项)

(续表)

资金项目	金额	目标表表项
股东资本		"资产负债表"股东资本(第 17 项)
所得税		"利润表"所得税(第 11 项)

注：表中所有数据均按正数填写。

附表 3-43 中各项填写规则如下。

(1) 管理费、设备维修费、转产及技改：是全年支付的总和。

(2) 基本工资、培训费：是人力资源支出的操作工人的费用，每月 1 日在系统账单中列支，可以通过现金支出查询全年总和。

(3) 财务费用：财务费用特指本年的贷款利息、利息违约金、还贷本金违约金和贴现息四项之和。

(4) 折旧：本年提取的生产线折旧合计，数据来源于本年消息通知有哪条生产线发生过折旧，然后查询生产线类型，计算出提取的折旧额。

(5) 其他支出合计：包括维修费违约金、管理费违约金、代工收货违约金、税款违约金、租金违约金、处理财产损失(财产损失是出售生成线的资产损失，资产损失 = 生产线价值 − 累计折旧 − 残值)。

(6) 所得税：此项需要根据本年的权益合计计算是否需要缴税而定。操作方法如下。

① 若当年税前利润为负(≤0)，则当年为不盈利，不用缴税。

② 若当年税前利润为正(>0)，则当年为盈利。

$$所得税 = 应税金额 \times 税率$$
$$应税金额 = 当年税前利润 − 以前年度亏损$$

注：以上规则最终解释权归裁判组所有。

F3.8 附件：市场预测图

市场预测图如附图 3-1 所示。

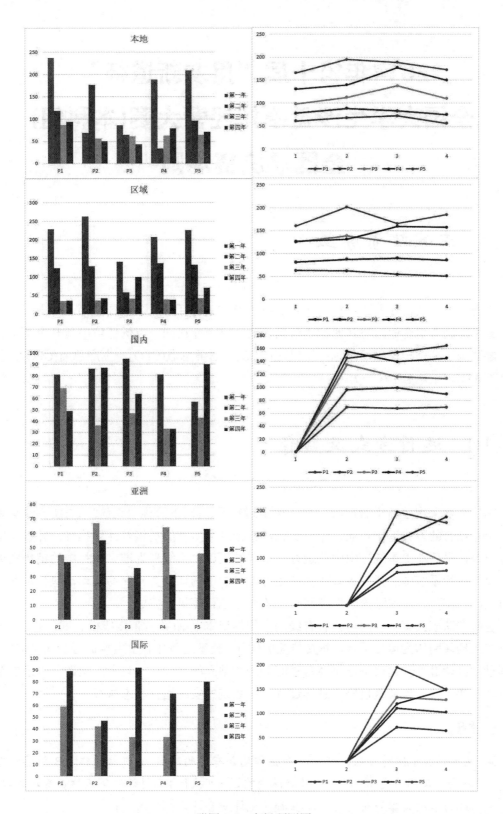

附图 3-1　市场预测图

2014年第十届"用友新道杯"
全国大学生沙盘模拟经营大赛(本科组)
全国总决赛规则

F3.9 参赛队员分工

比赛采取团队竞赛方式,每支参赛队有 5 名参赛选手、1 名指导老师。每支代表队模拟一家生产制造型企业,与其他参赛队模拟的同质企业在同一市场环境中展开企业经营竞争。参赛选手分别担任如下角色:总经理(CEO)、财务总监(CFO)、生产总监(CPO)、营销总监(CWO)、采购总监(CLO)。

F3.10 运行方式及监督

本次大赛采用"新道版商战"电子模拟运行系统(以下简称"系统")与实物沙盘和手工记录相结合的方式运作企业,即在实物沙盘上进行所有的决策及计划执行,并进行手工台账记录,最后在"系统"中确认运行,最终结果以"系统"为准。运行中的销售竞单在电子模拟运行系统中进行,各队在本队运行地参加市场订货会、交易活动,包括贷款、原材料入库、交货、应收账款贴现及回收,均在本地计算机上完成。

各参赛队应具备至少两台具有有线网卡的笔记本电脑(并自带接线板、纸、笔、橡皮),同时接入局域网作为运行平台,并安装录屏软件。比赛过程中,学生端最好启动录屏文件,全程录制经营过程,建议每一年经营录制为一个独立的文件。一旦发生问题,以录屏结果为证,裁决争议。如果擅自停止录屏过程,按系统的实际运行状态执行。

注意:

➢ 两台计算机同时接入,任何一台操作均是有效的,但 A 机器操作,B 机器状态并不会自动同步更新,所以请做好队内沟通。可执行 F5 刷新命令随时查看实时状态。(此为本次大赛的新变化,以往都只允许一台计算机接入。)

比赛期间带队老师不允许入场；所有参赛队员不得使用手机与外界联系，计算机仅限于作为系统运行平台，可以自制一些工具，但不得使用各种手段通过 Internet 与外界联系，否则取消参赛资格。

比赛期间计时的时间以本赛区所用服务器上的时间为准，赛前选手可以按照服务器时间调整自己计算机上的时间。大赛设裁判组，负责大赛中所有比赛过程的监督和争议裁决。

> **注意：**

➤ 自带的计算机操作系统和浏览器要保持干净、无病毒，IE 浏览器版本在 6.0(包括)以上，同时需要安装 flash player 插件。请各队至少多备一台计算机，以防万一。

F3.11 企业运营流程

企业运营流程建议按照运营流程表中列示的流程执行，比赛期间不做还原。

每年经营结束后，各参赛队需要在系统中填制"资产负债表"。如果不填，则视同报表错误一次，并扣分(详见罚分规则)，但不影响经营。此次比赛不需要交纸质报表给裁判核对。

> **注意：**

➤ 数值为 0 时必须填写阿拉伯数字 "0"，不填数字系统也视同填报错误。

F3.12 竞赛规则

1. 融资(见附表 3-44)

附表 3-44 融资

贷款类型	贷款时间	贷款额度	年 利 息	还款方式
长期贷款	每年年初	所有长贷和短贷之和不能超过上年权益的 3 倍	10%	年初付息，到期还本
短期贷款	每季度初		5%	到期一次还本付息
资金贴现	任何时间	视应收款额	10%(1、2 季)，12.5%(3、4 季)	变现时贴息，可对 1、2 季应收联合贴现(3、4 季同理)
库存拍卖	原材料八折，成品按成本价			

规则说明

1) 长期和短期贷款信用额度

长短期贷款的总额度(包括已借但未到还款期的贷款)为上年权益总计的 3 倍,长期贷款、短期贷款必须为大于等于 10W 的整数倍。例如,第一年所有者权益为 358W,第一年已借 5 年期长贷 506W(且未申请短期贷款),则第二年可贷款总额度为 358 × 3 − 506 = 568W。

2) 贷款规则

(1) 长期贷款每年必须支付利息,到期归还本金。长期贷款最多可贷 5 年。

(2) 结束年时,不要求归还没有到期的各类贷款。

(3) 短期贷款年限为 1 年,如果某一季度有短期贷款需要归还且同时拥有贷款额度时,必须先归还到期的短期贷款,才能申请新的短期贷款。

(4) 所有的贷款不允许提前还款。

(5) 企业间不允许私自融资,只允许企业向银行贷款,银行不提供高利贷。

(6) 贷款利息计算时四舍五入。例如,短期贷款为 210W,则利息为 210 × 5% = 10.5W,四舍五入,实际支付利息为 11W。

(7) 长期贷款利息是根据长期贷款的贷款总额乘以利率计算。例如,第一年申请 504W 长期贷款,第二年申请 204W 长期贷款,则第三年所需要支付的长期贷款利息 = (504 + 204) × 10% = 70.8W,四舍五入,实际支付利息为 71W。

3) 出售库存规则

(1) 原材料打八折出售。例如,1 个原材料为 10W,则出售 1 个原材料获得 10 × 0.8 = 8W。

(2) 出售产成品按产品的成本价计算。例如,P2 产品的成本价为 30W/个,则出售 1 个 P2 产品获得 1 × 30 = 30W。

2. 厂房(见附表 3-45)

附表 3-45　厂房

厂房	买价	租金	售价	容量
大厂房	400W	40W/年	400W	4 条
中厂房	300W	30W/年	300W	3 条
小厂房	180W	18W/年	180W	2 条

规则说明

(1) 租用或购买厂房可以在任何季度进行。如果决定租用厂房或厂房买转租,则租金在开始租用的季度交付,即从现金处取等量钱币,放在租金费用处。一年租期到期时,如果决定续租,需重复以上动作。

(2) 厂房租入后,一年后可做租转买、退租等处理(例如,第一年第一季度租厂房,则以后每一年的第一季度末"厂房处理"均可"租转买");如果到期没有选择"租转买",系统自动做续租处理,租金在"当季结束"时和"行政管理费"一并扣除。

(3) 若要新建或租赁生产线，必须购买或租用厂房，没有厂房不能新建或租赁生产线。

(4) 如果厂房中没有生产线，可以选择厂房退租。

(5) 厂房出售得到 4 个账期的应收款，紧急情况下可进行厂房贴现(4 季贴现)，直接得到现金；若厂房中有生产线，则同时要扣除租金。

(6) 厂房使用可以任意组合，但总数不能超过 4 个，如租 4 个小厂房或买 4 个大厂房或租 1 个大厂房买 3 个中厂房。

3. 生产线(见附表 3-46)

附表 3-46　生产线

生产线	购置费	安装周期	生产周期	总转产费	转产周期	维修费	残值
超级手工线	35W	无	2Q	0	无	5W/年	5W
租赁线	0	无	1Q	20W	1Q	70W/年	-85W
自动线	150W	3Q	1Q	20W	1Q	20W/年	30W
柔性线	200W	4Q	1Q	0	无	20W/年	40W

规则说明

(1) 在"系统"中新建生产线，需先选择厂房，然后选择生产线的类型，特别要确定生产产品的类型(产品标识必须摆上)；生产产品一经确定，本生产线所生产的产品便不能更换，如要更换，需在建成后，进行转产处理。

(2) 每次操作可建一条生产线，同一季度可重复操作多次，直至生产线位置全部铺满。自动线和柔性线待最后一期投资到位后，必须到下一季度才算安装完成，允许投入使用。超级手工线和租赁线当季购入(或租入)当季即可使用。

(3) 新建生产线一经确认，即刻进入第一期在建，当季便自动扣除现金。

(4) 不论何时出售生产线，从生产线净值中取出相当于残值的部分计入现金，净值与残值之差计入损失。

(5) 只有空的并且已经建成的生产线方可转产。

(6) 当年建成的生产线、转产中的生产线都要交维修费；凡已出售的生产线(包括退租的租赁线)和新购正在安装的生产线不缴纳维护费。

(7) 生产线不允许在不同厂房间移动。

(8) 租赁线不需要购置费，不用安装周期，不提折旧，维修费可以理解为租金；其在出售时(可理解为退租)，系统将扣 85W/条的清理费用，计入损失；该类生产线不计小分。

(9) 超级手工线不计小分。当年建成生产线当年不提折旧，当净值等于残值时生产线不再计提折旧，但可以继续使用，如附表 3-47 所示。

附表 3-47　生产线折旧(平均年限法)

附表 3-47　生产线折旧(平均年限法)

生产线	购置费	残值	建成第一年	建成第二年	建成第三年	建成第四年	建成第五年
超级手工线	35W	5W	0	10W	10W	10W	0
自动线	150W	30W	0	30W	30W	30W	30W
柔性线	200W	40W	0	40W	40W	40W	40W

4. 产品研发

若想生产某种产品,需先获得该产品的生产许可证;而要获得生产许可证,则必须经过产品研发。P1、P2、P3、P4、P5 产品都需要研发后才能获得生产许可,研发需要分期投入研发费用。研发投资规则如附表 3-48 所示。

附表 3-48　研发投资规则

名称	开发费用	开发总额	开发周期	加工费	直接成本	产品组成
P1	10W/季	20W	2 季	10W	30W/个	R1+R4
P2	10W/季	30W	3 季	10W	30W/个	R2+R3
P3	10W/季	40W	4 季	10W	40W/个	R1+R3+R4
P4	10W/季	50W	5 季	10W	50W/个	P1+R4
P5	10W/季	60W	6 季	10W	60W/个	P2+R1+R3

产品研发可以中断或终止,但不允许超前或集中投入。已投资的研发费不能回收。如果开发没有完成,则"系统"不允许开工生产。

5. ISO 资格认证(见附表 3-49)

附表 3-49　ISO 资格认证

ISO 类型	每年研发费用	年限	全部研发费用
ISO 9000	10W/年	2 年	20W
ISO 14000	15W/年	2 年	30W

ISO 资格认证无须交维护费,中途停止使用也可继续拥有资格并在以后年份使用。ISO认证只有在第四季度末才可以操作。

6. 市场开拓(见附表 3-50)

附表 3-50　市场开拓

市场	每年开拓费	开拓年限	全部开拓费用
本地	10W/年	1 年	10W
区域	10W/年	1 年	10W
国内	10W/年	2 年	20W
亚洲	10W/年	3 年	30W
国际	10W/年	4 年	40W

市场开拓无须交维护费，中途停止使用也可继续拥有资格并在以后年份使用。市场开拓只有在第四季度才可以操作。投资中断已投入的资金依然有效。

7. 原料(见附表 3-51)

附表 3-51　原料

名称	购买价格	提前期
R1	10W/个	1 季
R2	10W/个	1 季
R3	10W/个	2 季
R4	10W/个	2 季

规则说明

(1) 没有下订单的原材料不能采购入库。

(2) 所有预订的原材料到期必须全额现金购买。

(3) 紧急采购时，原料是直接成本的 2 倍，即 20W/个；在利润表中，直接成本仍然按照标准成本记录，紧急采购多付出的成本计入综合费用表中的"损失"处。

8. 选单规则

在一个回合中，每投放 10W 广告费理论上将获得一次选单机会，此后每增加 20W 理论上多一次选单机会。例如，本地 P1 投入 30W 表示最多有 2 次选单机会，但是，能否选到 2 次取决于市场需求及竞争态势。如果投小于 10W 广告费则无选单机会，但仍扣广告费，对计算市场广告额有效。广告投放可以是非 10 倍数，如 11W、12W，且投 12W 比投 11W 或 10W 优先选单。

投放广告，只有裁判宣布的最晚时间，没有最早时间，即在系统中当年经营结束后即可马上投下一年的广告。

选单时首先由上一年该市场的市场老大优先选单，然后以本市场本产品广告额投放大小顺序依次选单；如果两队本市场本产品广告额相同，则看本市场广告投放总额；如果本市场广告总额也相同，则看上年本市场销售排名；若仍无法决定，则先投广告者先选单。第一年无订单。

选单时，两个市场同时开单，各队需要同时关注两个市场的选单进展，其中一个市场先结束，则第三个市场立即开单，即任何时候都会有两个市场同开，除非到最后只剩下一个市场选单未结束。例如，某年在本地、区域、国内、亚洲 4 个市场有选单，系统将本地、区域同时放单，各市场按 P1、P2、P3、P4、P5 顺序独立放单；若本地市场选单结束，则国内市场立即开单，此时区域、国内两市场保持同开；紧接着区域结束选单，则亚洲市场立即放单，即国内、亚洲两市场同开。选单时各队需要单击相应的市场按钮(如"国内")，某一市场选单结束，系统不会自动跳到其他市场，如附图 3-2 所示)。

附图 3-2　某市场选单

注意：

> 出现确认框要在倒计时大于 5 秒时按下"确认"按钮，否则可能造成选单无效。
> 在某细分市场(如本地 P1)有多次选单机会，只要放弃一次，则视同放弃该细分市场所有选单机会。
> 选单时各队两台计算机同时连接入网。
> 本次比赛有市场老大(市场老大指上一年某市场内所有产品销售总额最多且在该市场没有违约的那家企业，如果出现多组销售总额相等，则市场老大随机产生或无老大。)

选单界面如附图 3-3 所示。

| | 本地(P1,U01) 区域(P1,U01)正在选单; 国内 亚洲 国际 无订单; | | | | |

| 本地 | 区域 | 国内 | 亚洲 | 国际 |

U01参加第2年订货会，当前回合为 本地市场，P1产品，选单用户U01，剩余选单时间为64秒　放弃本回合

ID	用户	产品广告	市场广告	销售	违约	次数		ID	编号	总价	单价	数量	交货期	账期	ISO	操作
1	U01	31	47	0	无	2次		1	S211_01	56	56.00	1	2	0	-	选中
								2	S211_02	308	51.33	6	4	2	-	选中
								3	S211_03	150	50.00	3	4	3	-	选中
								4	S211_04	193	48.25	4	4	2	-	选中
								5	S211_05	240	48.00	5	3	3	-	选中
								6	S211_06	162	54.00	3	3	2	-	选中

附图 3-3　选单界面

选择相应的订单，单击"选中"按钮，系统将提示是否确认选中该订单，如附图 3-4 所示。

确认选中订单:S211_06?			
市场	本地	产品	P1
总价	162W	数量	3
交货期	3季	账期	2季
ISO	-		

确认　　取消

附图 3-4　确认选中订单

单击"确认"按钮(注意，出现确认框要在倒计时大于 5 秒时按下"确认"按钮，否则可能造成选单无效)，系统会提示成功获得订单，如附图 3-5 所示。

附图 3-5　获得订单提示

9. 竞单会

在第四年和第六年订货会后，召开竞单会。系统一次放 3 张订单同时竞选，具体竞拍订单的信息将和市场预测图一起下发。参与竞标的订单标明了订单编号、市场、产品、数量、ISO 要求等，而总价、交货期、账期 3 项为空。竞标订单的相关要求说明如下。

1) 投标资质

参与投标的公司需要有相应市场、ISO 认证的资质，但不必有生产资格。

中标的公司需为该单支付 10W 标书费，计入广告费。

如果(已竞得单数 + 本次同时竞单数)×10 > 现金余额，则不能再竞，即必须有一定现金库存作为保证金。如果同时竞 3 张订单，库存现金为 54W，已经竞得 3 张订单，扣除了 30W 标书费，还剩余 24W 库存现金，则不能继续参与竞单，因为万一再竞得 3 张，24W 库存现金不足支付标书费 30W。

为防止恶意竞单，对竞得单张数进行了限制，如果{某队已竞得单张数 > ROUND(3 × 该年竞单总张数÷参赛队数)}，则不能继续竞单。

注意：

➢ ROUND 表示四舍五入。

➢ 若上式为等于，则可以继续参与竞单。

➢ 参赛队数指经营中的队伍，破产退出经营则不算其内。

➢ 若某年竞单，共有 40 张单，20 队参与竞单，当一队已经得到 7 张单，因为 7 > ROUND (3×40÷20)，所以不能继续竞单；但如果已经竞得 6 张，则可以继续参与。

2) 投标

参与投标的公司需根据所投标的订单，在系统规定时间(90 秒，以倒计时秒形式显示)填写总价、交货期、账期 3 项内容，确认后由系统按照下列算式计算。

得分 = 100 + (5 − 交货期) × 2 + 应收账期− 8 × 总价÷(该产品直接成本 × 数量)

以得分最高者中标；如果计算分数相同，则先提交者中标。

> **注意：**

> ➢ 总价不能低于(可以等于)成本价，也不能高于(可以等于)成本价的 3 倍。

> ➢ 必须为竞单留足时间，如在倒计时小于等于 5 秒时再提交，可能无效。

> ➢ 竞得订单与选中订单一样，算市场销售额。

10. 订单违约

订单必须在规定季交货或提前交货，应收账期从交货季开始算起。应收款收回系统自动完成，不需要各队填写收回金额。

11. 取整规则(均精确或舍到个位整数)

(1) 违约金扣除——四舍五入。

(2) 库存拍卖所得现金——四舍五入。

(3) 贴现费用——向上取整。

(4) 扣税——四舍五入。

(5) 长短贷利息——四舍五入。

12. 关于违约问题

通常，所有订单要求在本年度内完成(按订单上的产品数量和交货期交货)。如果订单没有完成，则视为违约订单，按下列条款加以处罚。

(1) 分别按违约订单销售总额的 20%(四舍五入)计算违约金，并在当年第四季度结束后扣除，违约金计入"损失"。例如，某组违约了如附图 3-6 所示的两张订单。

订单编号	市场	产品	数量	总价	状态	得单年份	交货期	账期	ISO	交货期
180016	本地	P2	2	146 W	违约	第2年	3季	0季	-	-
180011	本地	P1	1	60 W	已交单	第2年	2季	1季	-	第2年1季
180006	本地	P1	3	162 W	违约	第2年	3季	2季	-	-

附图 3-6 某组违约订单

这两张订单缴纳的违约金分别为 $146 \times 20\% = 29.2W \approx 29W$、$162 \times 20\% = 32.4W \approx 32W$，合计为 $29 + 32 = 61W$。

(2) 违约订单一律收回。

13. 重要参数

竞赛中的各重要参数如附图 3-7 所示。

违约金比例	20	%	贷款额倍数	3	倍
产品折价率	100	%	原料折价率	80	%
长贷利率	10	%	短贷利率	5	%
1，2期贴现率	10	%	3，4期贴现率	12.5	%
初始现金	600	W	管理费	10	W
信息费	1	W	所得税率	25	%
最大长贷年限	5	年	最小得单广告额	10	W
原料紧急采购倍数	2	倍	产品紧急采购倍数	3	倍
选单时间	50	秒	首位选单补时	20	秒
市场同开数量	2		市场老大	◉有 ○无	
竞拍时间	90	秒	竞拍同拍数	3	

附图 3-7　竞赛中的各重要参数

注意：

- 每个市场每个产品选单时，第一个队选单时间为 70 秒，自第二个队起，选单时间设为 50 秒。
- 初始资金为 600W。
- 信息费 1W/次/队，即交 1W 可以查看一队企业信息，交费企业以 Excel 表格形式获得被间谍企业的详细信息。竞单会时无法使用间谍。

14. 竞赛排名

6 年经营结束后，将根据各队的总成绩进行排名，分数高者排名在前。分数计算公式如下。

$$总成绩 = 所有者权益 \times (1 + 企业综合发展潜力 \div 100) - 罚分$$

企业综合发展潜力如附表 3-52 所示。

附表 3-52　企业综合发展潜力

项目	综合发展潜力系数
自动线	+8/条
柔性线	+10/条
本地市场开发	+7
区域市场开发	+7
国内市场开发	+8
亚洲市场开发	+9

续表

项目	综合发展潜力系数
国际市场开发	+10
ISO 9000	+8
ISO 14000	+10
P1 产品开发	+7
P2 产品开发	+8
P3 产品开发	+9
P4 产品开发	+10
P5 产品开发	+11
大厂房	+10
中厂房	+8
小厂房	+7

注意:

➢ 如果有若干队分数相同,将参照各队第六年经营结束后的最终权益,权益高者排名在前;若权益仍相等,则参照第六年经营结束时间,先结束第六年经营的队伍排名在前。

➢ 生产线建成即加分,无须生产出产品,也无须有在制品。超级手工线、租赁线无加分。

➢ 市场老大不计入综合发展潜力系数,单独算分,最终计入总成绩。得一个第二、三、四、五年市场老大,加 70 分/个;得一个第六年市场老大,加 100 分/个。

15. 罚分细则

1) 运行超时扣分

运行超时有两种情况:一是指不能在规定时间完成广告投放(可提前投广告);二是指不能在规定时间完成当年经营(以单击系统中"当年结束"按钮并确认为准)。

处罚:按总分 50 分/分钟(不满一分钟按一分钟计算)计算罚分,最多不能超过 10 分钟。如果到 10 分钟后还不能完成相应的运行,将取消其参赛资格。

注意:

➢ 投放广告时间、完成经营时间及提交报表时间系统均会记录,作为扣分依据。

2) 报表错误扣分

各小组必须按规定时间在系统中填制资产负债表,如果上交的报表与系统自动生成的报表对照有误,则在总得分中扣罚 200 分/次,并以系统提供的报表为准修订。

┌─────────┐
│ **注意：** │
└─────────┘

➤ 对上交报表的时间会做规定，延误交报表即视为错误一次，即使后来在系统中填制正确也要扣分。由运营超时引发延误交报表视同报表错误并扣分(即如果某队超时3分钟，将被扣除 $50 \times 3 + 200 = 350$ 分)。

3) 摆盘错误扣分

本次比赛需要摆放物理盘面，看盘期间(每年经营结束后，由裁判宣布看盘时间)，需要如实回答看盘者提问，也不能拒绝看盘者看计算机屏幕并查看其中任何信息(看盘者不可操作他队计算机，只能要求查看信息)，看盘时各队至少留一人。摆盘情况由裁判每年结束时，随机抽取队伍进行核对，发现错误后予以扣分。如果经裁判核实后发现摆盘错误，则扣 200 分/次，但不接受各队举报！

4) 其他违规扣分

在运行过程中下列情况属于违规。

(1) 对裁判正确的判罚不服从。

(2) 其他严重影响比赛正常进行的活动。

如有以上行为者，视情节轻重，在第六年经营结束后扣除该队总得分的 500~2000 分。

所有罚分在第六年经营结束后计算总成绩时一起扣除。

16. 破产处理

当参赛队权益为负(指当年结束系统生成资产负债表时为负)或现金断流时(权益和现金可以为零)，企业破产。

参赛队破产后，由裁判视情况适当增资后继续经营。破产队不参加有效排名。

为了确保破产队不过多影响比赛的正常进行，需限制破产队每年用于广告投放的总和不能超过 60W，且不允许参加竞单。

17. 操作要点

(1) 生产线转产、出售生产线、开始下一批生产均在相应生产线上直接操作，如附图 3-8 所示。

附图 3-8　生产线操作

(2) 应收款收回由系统自动完成，不需要各队填写收回金额，如附图 3-9 所示。

附图 3-9　自动收回应收款

(3) 操作区只显示当前可以操作的运行图标，如附图 3-10 所示。

附图 3-10　当前可以操作的运行图标

注意：

➢ "继续转产" 按钮本次不用，无须单击。

(4) 每年经营结束后需填写报表(只需填写资产负债表)，如附图 3-11 所示。

资产负债表			
现金	955 W	长期贷款	1000 W
应收款	0 W	短期贷款	800 W
在制品	180 W	特别贷款	0 W
产成品	0 W	应交所得税	0 W
原材料	0 W	-	
流动资产合计	1135 W	负债合计	1800 W
厂房	0 W	股东资本	600 W
生产线	270 W	利润留存	0 W
在建工程	600 W	年度净利	-395 W
固定资产合计	870 W	所有者权益合计	205 W
资产总计	2005 W	负债和所有者权益总计	2005 W

提交报表

附图 3-11　填写资产负债表

若填写正确，系统无提示；若填写错误，系统会显示如附图 3-12 所示的提示信息。

您:(系统)填写报表与系统生成的报表不一致！

附图 3-12　填写错误提示

(5) 选单时必须注意各市场状态(正在选单、选单结束、无订单)；选单时各队需要单击相应的市场按钮；某一市场选单结束，系统不会自动跳到其他市场。选单界面如附图 3-13 所示。

附图 3-13　选单界面

(6) 企业运营状况查询(在操作界面左边，可查询财务信息、研发认证信息、库存采购信息等)，如附图 3-14 所示。

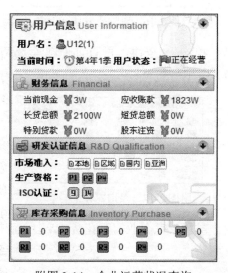

附图 3-14　企业运营状况查询

① 查询财务信息。鼠标指针指向"应收账款",系统将自动显示应收账款金额及账期,如附图 3-15 所示,"长贷总额""短贷总额"也一样。

附图 3-15　查询财务信息

② 查询研发认证信息。单击 按钮,可查询市场开拓、产品研发、ISO 认证信息,如附图 3-16 所示。

附图 3-16　查询研发认证信息

③ 查询库存采购信息。单击 按钮,可查询原料库及产成品库存信息,还可查询原料预订情况,如附图 3-17 所示。

附图 3-17　查询库存采购信息

(7) 间谍信息查询下载。查看一家企业需要花费 1W,企业信息将以 Excel 表格形式下载,如附图 3-18 所示。

附图 3-18 间谍信息查询下载

可查询到的信息包括库存信息、银行贷款、研发认证、厂房与生产线等，如附图 3-19
所示。

U01公司详细资料

制表人	国际企业调查公司	制表时间	2013-3-22 上午 10:18:41
公司现金	89W	公司状态	正在经营
股东注资	0W	系统时间	第2年1季(年初)
公司名称	runningman	所属学校	用友
组织结构	CEO:杨少聪 购务总监:许春珍 采购总监:卢丽萍 市场总监:陈幼燕 生产总监:夏
公司宣言	填写简介信息

企业信息 库存信息 银行贷款 研发认证 厂房与生产线 订单信息

订单列表

订单编号	市场	产品	数量	总价	状态	得单年份	交货期	帐期	ISO	交货时间
180002	本地	P1	6	308W	已交单	第2年	4季	2季		第2年3季
180007	本地	P1	3	145W	已交单	第2年	4季	1季		第2年1季
180020	本地	P2	4	277W	已交单	第2年	4季	3季		第2年3季
180034	本地	P4	3	390W	未完成	第2年	4季	2季		-
180058	区域	P1	5	252W	已交单	第2年	3季	1季		第2年1季
180061	区域	P2	2	142W	已交单	第2年	3季	0季		第2年3季
180066	区域	P2	2	148W	已交单	第2年	4季	2季		第2年2季
180081	区域	P4	2	260W	未完成	第2年	4季	2季		-

厂房信息

ID	名称	状态	容量	购价	租金	售价	最后付租	置办时间
3	大厂房	租用	1/4	400W	40W/年	400W	第1年1季	第1年1季

生产线信息

ID	名称	厂房	产品	状态	累计折旧	开产时间	转产时间	剩余时间	建成时间	开建时间
26	自动线	大厂房(3)	P2	在建	0W	-	-	0季	-	第1年2季
39	自动线	大厂房(3)	P2	在建	0W	-	-	0季	-	第1年2季
43	柔性线	大厂房(3)	P2	在建	0W	-	-	1季	-	第1年2季

附图 3-19 可查询到的信息

	市场开拓					产品研发					ISO认证			
名称	开拓费	周期	剩余时间	完成时间	名称	研发费	周期	剩余时间	完成时间	名称	研发费	周期	剩余时间	完成时间
国际	10W/年	4年	3	-	P2	10W/季	4季	-	第1年4季	ISO14000	20W/年	2年	1	-
本地	10W/年	1年	-	第1年4季	P5	15W/季	5季	1	-	ISO9000	10W/年	2年	1	-
区域	10W/年	1年	-	第1年4季										
国内	10W/年	2年	1	-										
亚洲	10W/年	3年	2	-										

附图 3-19　可查询到的信息(续)

(8) 竞拍界面(仅供参考)，如附图 3-20 所示。

U12参加第3年竞拍会，当前回合剩余竞拍时间为77秒

ID	订单编号	市场	产品	数量	ISO	状态	得单用户	总金额	交货期	账期
1	3J01	本地	P1	2	-	设置竞价	-	-	-	-
2	3J02	本地	P2	2	-	设置竞价	-	-	-	-
3	3J03	本地	P3	3	-	设置竞价	-	-	-	-
4	3J04	本地	P4	1	[9]	等待				
5	3J05	区域	P2	3	-	等待				
6	3J06	区域	P3	4	[9] [14]	等待				
7	3J07	区域	P4	4	-	等待				
8	3J08	区域	P5	2	-	等待				
9	3J09	国内	P1	6	[14]	等待				
10	3J10	国内	P2	2	[9]	等待				
11	3J11	国内	P4	2	-	等待				
12	3J12	国内	P5	3	[9] [14]	等待				

附图 3-20　竞拍界面

单击要参与竞拍的订单，设置竞价，填写竞拍总价(在价格范围内的整数)，选择交货期和账期，如附图 3-21 所示。

拍卖会竞价设置	
订单编号	3J02
所属市场	本地
产品名称	P2
产品数量	2
ISO要求	-
竞拍总价	156　W(价格范围:60W至180W)
交货期	○ 1季　◉ 2季　○ 3季　○ 4季
账期	○ 现金　◉ 1季　○ 2季　○ 3季　○ 4季
	确认信息

附图 3-21　设置拍卖会竞价

竞拍结果显示如附图 3-22 所示。

ID	订单编号	市场	产品	数量	ISO	状态	得单用户	总金额	交货期	账期
1	3J01	本地	P1	2	-	完成	U04	119W	1季	0季
			↑本用户出价					119W	1季	0季
2	3J02	本地	P2	2	-	完成	U01	180W	1季	0季
			↑本用户出价					180W	4季	0季
3	3J03	本地	P3	3	-	完成	-	-	-	-
4	3J04	本地	P4	1	9	完成	U01	149W	2季	0季
5	3J05	区域	P2	3	-	完成	U04	269W	3季	0季
			↑本用户出价					269W	3季	0季
6	3J06	区域	P3	4	9 14	完成	U02	475W	4季	0季
7	3J07	区域	P4	4	-	完成	U01	598W	4季	1季
8	3J08	区域	P5	2	-	完成	U04	356W	2季	4季
			↑本用户出价					356W	2季	4季
9	3J09	国内	P1	6	14	完成	U04	360W	1季	0季
			↑本用户出价					360W	1季	0季
10	3J10	国内	P2	2	9	完成	-	-	-	-
11	3J11	国内	P4	2	-	设置竞价	-	-	-	-
12	3J12	国内	P5	3	9 14	设置竞价	-	-	-	-
			↑本用户出价					525W	4季	0季

U04参加第3年竞拍会,当前回合剩余竞拍时间为**12**秒

附图 3-22　竞拍结果

18. 系统整体操作界面(见附图 3-23)

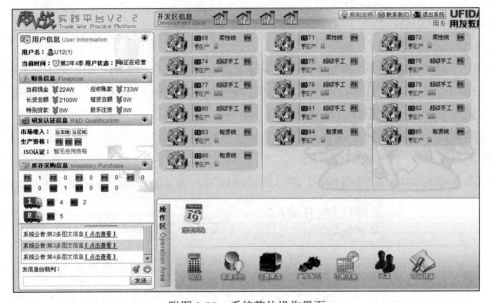

附图 3-23　系统整体操作界面

F3.13　其他说明

(1) 本次比赛中,各企业之间不允许进行任何交易,包括现金及应收款的流通、原材

料和产成品的买卖等。

(2) 企业每年的运营时间为一个小时(不含选单时间，第一年运营时间为45分钟)，如果发生特殊情况，经裁判组同意后可做适当调整。

(3) 比赛过程中，学生端必须启动录屏文件，用于全程录制经营过程，把每一年经营录制为一个独立的文件。一旦发生问题，以录屏结果为证，裁决争议。如果擅自停止录屏过程，则按教师端服务器系统的实际运行状态执行。录屏软件由各队在比赛前安装完成，并提前学会如何使用。

(4) 比赛期间，各队自带笔记本电脑(请自带排插)，允许使用自制的计算工具，但每组笔记本电脑均不允许连入外网，违者直接取消比赛资格。

(5) 每一年投放广告结束后，将给各组3~5分钟的时间观看各组广告单；每一年经营结束后，裁判将公布各队综合费用表、利润表、资产负债表信息。

(6) 每一年经营结束后，将有15分钟看盘时间，看盘期间各队至少要留一名选手在组位，否则后果自负。看盘期间各队必须保证盘面真实有效(包括贷款、原料订单、当年所有费用、生产线标识、库存产品及原料、厂房、现金、应收账款、生产线净值、产品生产资格、市场准入、ISO认证等)。

(7) 比赛开始前，各参赛队的CEO抽签决定组号。

(8) 比赛中如遇沙盘教具不够用，可用便笺写数字代替。

(9) 本规则解释权归大赛裁判组。

(10) 一队分配两个IP，根据所分配的队号设置。例如，队号为U01，则IP为192.168.0.101和192.168.0.201，以此类推。请在本地连接中设置(考虑操作系统区别，IP设置略有不同，请各队提前学会如何设置IP，比赛时不负责指导)，如附图3-24所示。

子网掩码、网关、DNS可不设。

服务器地址统一为192.168.0.8。

登录账号为U01、U02等(大写U)，初始密码统一为1，登录后务必修改密码。

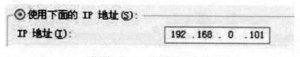

附图3-24　设置IP地址

第十届"用友新道杯"全国大学生沙盘模拟经营大赛组委会

2014年7月

2012年第八届全国大学生"用友杯"沙盘模拟经营大赛全国总决赛规则

F3.14 参赛队

每支参赛队由5名队员组成,分别是总经理、财务总监、营销总监、采购总监、生产总监。

> **注意:**

> ➢ 带队老师不允许入场。
> ➢ 比赛期间,所有参赛队员不得使用手机与外界联系,计算机仅限于作为系统运行平台,可以自制一些工具,但不得登录 Internet 与外界联系,否则取消参赛资格。
> ➢ 每个代表队允许有一台计算机连接服务器。
> ➢ 比赛时间以本赛区所用服务器时间为准。
> ➢ 比赛经营时间为6年。

F3.15 运行方式及监督

本次大赛以"商战"电子沙盘(以下简称系统)为主运作企业。

各队应具备至少两台具有 RJ45 网卡的笔记本电脑(并自带接线板、纸、铅笔、橡皮、经营表格),只允许一台笔记本电脑接入局域网,作为运行平台。

为了系统能更快更顺畅地运行,限制每队只能有一台计算机,每台计算机只能有一个浏览器接入比赛系统,请大家自觉遵守;如果恶意多开,裁判有权终止该队比赛。

大赛设裁判组,负责大赛中所有比赛过程的监督和争议裁决。

注意：

➢ 自带计算机的操作系统和浏览器要保持干净、无病毒，IE 浏览器版本在 6.0(含)以上，同时需要安装 flash player 插件。请各队至少多备一台计算机，以防万一。使用前请测试选单、竞单是否可以正常进行。

F3.16　企业运营流程

企业运营流程建议按照《竞赛手册》的"运营流程表"中列示的流程严格执行。

本次比赛不需要在系统中填报表，也不需要上交纸质报表。

各类表格自行准备，组委会不提供。

F3.17　竞赛规则

1. 生产线(见附表 3-53)

附表 3-53　生产线

生产线	购置费	安装周期	生产周期	总转产费	转产周期	维修费	残值
手工线	35W	无	2Q	0	无	5W/年	5W
租赁线	0	无	1Q	20W	1Q	60W/年	-100W
自动线	150W	3Q	1Q	20W	1Q	20W/年	30W
柔性线	200W	4Q	1Q	0	无	20W/年	40W

不论何时出售生产线，从生产线净值中取出相当于残值的部分计入现金，净值与残值之差计入损失；只有空的并且已经建成的生产线方可转产；当年建成的生产线、转产中的生产线都要交维修费；生产线不允许在不同厂房移动。

租赁线不需要购置费，不用安装周期，不提折旧，维修费可以理解为租金；其在出售时(可理解为退租)，系统将扣 100W/条的清理费用，计入损失；该类生产线不计小分；手工线不计小分。

2. 折旧(平均年限法)(见附表 3-54)

附表 3-54 折旧(平均年限法)

生产线	购置费	残值	建成第一年	建成第二年	建成第三年	建成第四年	建成第五年
手工线	35W	5W	0	10W	10W	10W	
自动线	150W	30W	0	30W	30W	30W	30W
柔性线	200W	40W	0	40W	40W	40W	40W

当年建成的生产线当年不提折旧;当净值等于残值时生产线不再计提折旧,但可以继续使用。

3. 融资(见附表 3-55)

附表 3-55 融资

贷款类型	贷款时间	贷款额度	年息	还款方式
长期贷款	每年年初	所有长贷和短贷之和不能超过上年权益的 3 倍	10%	年初付息,到期还本;每次贷款为不小于 10 的整数
短期贷款	每季度初		5%	到期一次还本付息;每次贷款为不小于 10 的整数
资金贴现	任何时间	视应收款额	10%(1、2 季),12.5%(3、4 季)	变现时贴息,可对 1、2 季应收联合贴现(3、4 季同理)
库存拍卖	原材料八折,成品按成本价			

> 注意:

> ➤ 长贷利息计算是将所有不同年份长贷加总再乘以利率,然后四舍五入算利息。短贷利息是按每笔短贷分别计算。

4. 厂房(见附表 3-56)

附表 3-56 厂房

厂房	买价	租金	售价	容量	
大厂房	440W	44W/年	440W	4 条	厂房出售得到 4 个账期的应收款,紧急情况下,可厂房贴现(4 季贴现),直接得到现金;若厂房中有生产线,则同时要扣租金
中厂房	300W	30W/年	300W	3 条	
小厂房	180W	18W/年	180W	2 条	

每季均可租或买，租满一年的厂房在满年的季度(例如，第二季租的，则在以后各年第二季为满年，可进行处理)，需要用"厂房处理"进行"租转买""退租"(当厂房中没有任何生产线时)等处理，如果未加处理，则原来租用的厂房在满年季末自动续租；厂房不计提折旧；生产线不允许在不同厂房间移动；厂房使用可以任意组合，但总数不能超过4个，如租4个小厂房或买4个大厂房或租1个大厂房买3个中厂房。

5. 市场准入(见附表 3-57)

附表 3-57　市场准入

市场	开发费用	时间	
本地	10W/年	1 年	
区域	10W/年	1 年	开发费用按开发时间在年末平均支付，不允许加速投资，但可中断投资。
国内	10W/年	2 年	市场开发完成后，领取相应的市场准入证
亚洲	10W/年	3 年	
国际	10W/年	4 年	

市场开发无须交维护费，中途可停止使用，也可继续拥有资格并在以后年份使用。市场开拓，只有在第四季度可以操作。

6. 资格认证(见附表 3-58)

附表 3-58　资格认证

认证	ISO 9000	ISO 14000	
时间	2 年	2 年	开发费用按开发时间在年末平均支付，不允许加速投资，但可中断投资。
费用	10W/年	15W/年	ISO 开发完成后，领取相应的认证

ISO 开发无须交维护费，中途可停止使用，也可继续拥有资格并在以后年份使用。ISO 认证开拓，只有在第四季度可以操作。

7. 产品(见附表 3-59)

附表 3-59　产品

名称	开发费用	开发周期	加工费	直接成本	产品组成
P1	10W/季	2 季	10W/个	20W/个	R1
P2	10W/季	3 季	10W/个	30W/个	R2 + R3
P3	10W/季	4 季	10W/个	40W/个	R1 + R3 + R4
P4	10W/季	5 季	10W/个	50W/个	R2 + R3 + P1(注意 P1 为中间品)

8. 原料(见附表3-60)

附表3-60 原料

名称	购买价格	提前期
R1	10W/个	1季
R2	10W/个	1季
R3	10W/个	2季
R4	10W/个	2季

9. 紧急采购

紧急采购指付款即到货，原材料价格为直接成本的2倍，成品价格为直接成本的3倍。

紧急采购原材料和产品时，直接扣除现金。上报报表时，成本仍然按照标准成本记录，紧急采购多付出的成本计入费用表损失项。

10. 选单规则

选单时，每投5W广告有一次选单机会，每增加10W多一次机会；如果投小于5W广告则无选单机会，但仍扣广告费，对计算市场广告额有效；广告投放可以为6W或7W。投广告，只有裁判宣布的最晚时间，没有最早时间，即在系统经营结束后可以马上投广告。

市场老大在该市场的所有产品有优先选单权，然后以本市场本产品广告额投放大小顺序依次选单；如果两队本市场本产品广告额相同，则看本市场广告投放总额；如果本市场广告总额也相同，则看上年本市场销售排名；如仍无法决定，则先投广告者先选单。第一年无订单。

选单时，两个市场同时开单，各队需要同时关注两个市场的选单进展，其中一个市场先结束，则第三个市场立即开单，即任何时候都会有两个市场同开，直至最后只剩下一个市场选单未结束。例如，某年有本地、区域、国内、亚洲4个市场有选单，系统将本地、区域同时放单，各市场按P1、P2、P3、P4顺序独立放单；若本地市场选单结束，则国内市场立即开单，此时区域、国内两市场保持同开；紧接着区域结束选单，则亚洲市场立即放单，即国内、亚洲两市场同开。选单时各队需要单击相应的"市场"按钮，一市场选单结束，系统不会自动跳到其他市场。

> **注意：**
>
> ➤ 出现确认框要在倒计时大于5秒时按下"确认"按钮，否则可能造成选单无效。
> ➤ 在某细分市场(如本地、P1)有多次选单机会，只要放弃一次，则视同放弃该细分市场所有选单机会。
> ➤ 本次比赛有市场老大。
> ➤ 破产队可以参加选单，并且市场老大有效。

> 市场老大指在该市场上年销售额最高且无违约,若有多个队满足条件,则该市场老大随机或没有。

11. 竞单会(系统一次放 3 张订单同时竞单,并显示所有订单,竞单年份随市场预测同时公布)

参与竞标的订单标明了订单编号、市场、产品、数量、ISO 要求等,而总价、交货期、账期 3 项为空。

在竞拍会的单子中,各个队伍根据自己的情况填写价格、交货期、账期,系统默认的总价是成本价,交货期为 1 期交货,账期为 4 账期,若要修改,则需手工修改。

1) 投标资质

(1) 参与投标的公司需要有相应市场、ISO 认证的资质,但不必有生产资格。

(2) 中标的公司需为该单支付 5W 标书费,在竞标会结束后一次性扣除,计入广告费中。

(3) 如果(已竞得单数 + 本次同时竞单数) × 5 > 现金余额,则不能再竞单,即必须有一定现金库存作为保证金。例如,同时竞 3 张订单,库存现金为 28W,已经竞得 3 张订单,扣除了 15W 标书费,还剩余 13W 库存现金,则不能继续参与竞单,因为万一再竞得 3 张,13W 库存现金不足以支付标书费 15W。

为防止恶意竞单,对竞得单的张数进行了限制,即如果{某队已竞得单张数 > ROUND(3 × 该年竞单总张数 ÷ 参赛队数)},则不能继续竞单。

> **注意:**

> ➤ ROUND 表示四舍五入。
> ➤ 若上式为等于,则可以继续参与竞单。
> ➤ 参赛队数指经营中的队伍,若破产继续经营也算在其内,破产退出经营则不算其内。例如,某年竞单,共有 40 张单,参与竞单的有 20 队(含破产继续经营),当一队已经得到 7 张单,因为 7 > ROUND(3 × 40 ÷ 20),所以不能继续竞单;但如果已经竞得 6 张,可以继续参与。

2) 投标

参与投标的公司需根据所投标的订单,在系统规定的时间(90 秒,以倒计时秒形式显示)填写总价、交货期、账期 3 项内容,确认后由系统按照下面方法计算。

$$得分 = 100 + (5 - 交货期) × 2 + 应收账期 - 8 × 总价 ÷ (该产品直接成本 × 数量)$$

以得分最高者中标;如果计算分数相同,则先提交者中标。

> **注意:**

> ➤ 总价不能低于(可以等于)成本价,也不能高于(可以等于)成本价的 3 倍。
> ➤ 必须为竞单留足时间,若在倒计时小于等于 5 秒时再提交,则可能无效。

> 竞得订单与选中订单一样，算市场销售额，对计算市场老大有效。
> 竞单时不允许紧急采购，也不允许市场间谍。
> 破产队不可以参与投标竞单。

12. 订单违约

订单必须在规定季交货或提前交货，应收账期从交货季开始算起。系统自动完成应收款收回，不需要各队填写收回金额。

13. 取整规则(均精确或舍到个位整数)

(1) 违约金扣除——四舍五入(每张单分开算)。

(2) 库存拍卖所得现金——四舍五入。

(3) 贴现费用——向上取整。

(4) 扣税——四舍五入。

(5) 长短贷利息——四舍五入。

14. 特殊费用项目

库存折价拍卖、生产线变卖、紧急采购、订单违约计入其他损失；增减资计入股东资本或特别贷款(均不算所得税)。

注意:

> 增资只适用于破产队。

15. 重要参数(见附图 3-25)

违约金比例	20 %	贷款额倍数	3 倍
产品折价率	100 %	原料折价率	80 %
长贷利率	10 %	短贷利率	5 %
1,2期贴现率	10 %	3,4期贴现率	12.5 %
初始现金	600 W	管理费	10 W
信息费	1 W	所得税率	25 %
最大长贷年限	5 年	最小得单厂告额	5 W
原料紧急采购倍数	2 倍	产品紧急采购倍数	3 倍
选单时间	40 秒	首位选单补时	25 秒
市场同开数量	2	市场老大	⦿有 ○无
竞拍时间	90 秒	竞拍同拍数	3

附图 3-25 重要参数

注意:

> 每市场每产品选单时第一个队选单时间为 65 秒,自第二个队起,选单时间设为 40 秒。

> 初始资金为 600W。
> 信息费 1W/次/队，即交 1W 可以查看一队企业信息，交费企业以 Excel 表格形式获得被间谍企业的详细信息。
> 间谍无法看到对手的选单情况。

16. 竞赛排名

各队完成预先规定的经营年限后，将根据各队的最后分数进行评分，分数高者为优胜。计算方式如下。

总成绩 = 所有者权益 × (1 + 企业综合发展潜力 ÷ 100) − 罚分 + 市场老大得分

企业综合发展潜力如附表 3-61 所示。

附表 3-61　企业综合发展潜力

项目	综合发展潜力系数
自动线	+8/条
柔性线	+10/条
本地市场开发	+7
区域市场开发	+7
国内市场开发	+8
亚洲市场开发	+9
国际市场开发	+10
ISO 9000	+8
ISO 14000	+10
P1 产品开发	+7
P2 产品开发	+8
P3 产品开发	+9
P4 产品开发	+10

注意:

> 若有若干队分数相同，则最后一年在系统中先结束经营者排名靠前。
> 生产线建成即加分，无须生产出产品，也无须有在制品。手工线、租赁线、厂房无加分。
> 市场老大不计入综合发展潜力系数，单独算分，得一个第二、三、四、五年市场老大加 50 分，得一个第六年市场老大加 100 分。

17. 罚分规则

1) 运行超时扣分

运行超时有两种情况：一是指不能在规定时间完成广告投放(可提前投广告)；二是指不能在规定时间完成当年经营(以单击系统中"当年结束"按钮并确认为准)。

处罚：按总分 20 分/分钟(不满一分钟算一分钟)计算罚分，最多不能超过 10 分钟。如果到 10 分钟后还不能完成相应的运行，将取消其参赛资格。

2) 其他违规扣分

在运行过程中下列情况属违规。

(1) 对裁判正确的判罚不服从。

(2) 在比赛期间擅自到其他赛场走动。

(3) 指导教师擅自进入比赛现场。

(4) 其他严重影响比赛正常进行的活动。

若有以上行为者，视情节轻重，扣除该队总得分的 200～500 分。

18. 破产处理

当参赛队权益为负(指当年结束系统、生成资产负债表时为负)或现金断流时(权益和现金可以为零)，企业破产。

参赛队破产后，由裁判视情况适当增资后继续经营。破产队不参加有效排名。

为了确保破产队不过多影响比赛的正常进行，需限制破产队每年用于广告投放总和不能超过 30W，并且不允许参加竞单。

19. 操作要点

生产线转产、下一批生产、出售生产线均在相应生产线上直接操作。

应收款收回由系统自动完成，不需要各队填写收回金额。

操作界面只显示可以操作的运行图标。选单时必须注意各市场状态(如正在选单、选单结束、无订单)，并且各队需要单击相应的"市场"按钮。一市场选单结束，系统不会自动跳到其他市场。选单界面如附图 3-26 所示。

附图 3-26 选单界面

20. 系统整体操作界面(见附图3-27)

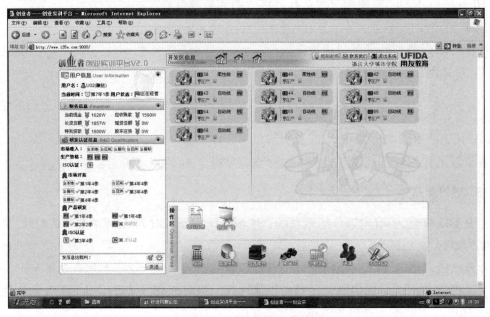

附图 3-27　系统整体操作界面

21. 关于摆盘和巡盘

本次大赛过程中使用卡片摆盘，只需要摆出当年结束状态，中间过程不要求。本次摆盘只要求摆出生产线(含在制品)、在建工程、现金、应收款(包括金额与账期)、原料库存、产成品库存、各种资格，不需要摆厂房、各类费用、原料订单。年末由裁判统一发令，可观看对手的盘面和计算机屏幕，并可要求对方点开任何信息，且不允许拒绝。巡盘期间至少留一人在本组，不允许操作对手计算机；巡盘过程中不允许拍照，否则取消比赛资格。

注意:

➢ 现金及应收款——在空白卡片中手工填写金额，放在相应位置。

➢ 原料及产品库存——在标识上手工填写数量，放在仓库。

➢ 在建工程——将投资金额放在生产线上(背面朝上)，在生产线上手工标出所生产产品。

➢ 生产线净值——手工填写空白卡片放净值处。

➢ 在制品——用产品标识放置于生产线相应生产周期处。

➢ 各类资格——投入完成摆上相应资格卡片，中间投入金额不用摆。

➢ 如遇卡片不够用，可自行参照用小纸片代替，所有填写用铅笔。

22. 网络设置、服务器地址及登录注意事项

一队分配一个 IP，根据所分配的队号设置。例如，队号为 U01，则 IP 为 192.168.0.101，以此类推。请在本地连接中设置(考虑操作系统区别，IP 设置略有不同，请各队提前学会

如何设置 IP，比赛时不负责指导)，如附图 3-28 所示。

> ⊙ 使用下面的 IP 地址(S)：
> IP 地址(I)：　　　　192 . 168 . 0 . 101

附图 3-28　设置 IP 地址

子网掩码、网关、DNS 可不设。

服务器地址统一为 192.168.0.8。

登录账号为 U01、U02 等(大写 U)，初始密码统一为 1，登录后务必修改密码。

第八届全国大学生"用友杯"沙盘模拟经营大赛组委会对以上规则有最终解释权。

第八届全国大学生"用友杯"沙盘模拟经营大赛组委会
2012 年 7 月

附 1：关于所得税计算的详细方法

所得税，在用友 ERP 沙盘中是一个综合概念，是模拟的企业经营盈利部分所要缴的税费。缴税需满足的条件如下。

➤ 经营当年盈利(税前利润为正)。

➤ 连续弥补了前面至多 5 年亏损后，仍盈利。

以利润表为计算依据最为清晰，下面以实例说明，如附表 3-62 所示。

附表 3-62　所得税计算 1

年份	第一年	第二年	第三年	第四年	第五年	第六年
税前利润	-10W	50W	-20W	-30W	40W	130W
所得税	0	10W	0	0	0	30W
年度净利润	-10W	40W	-20W	-30W	40W	100W

由附表 3-61 可知，第一年亏损，所以不缴税，第二年盈利 50W，补了第一年亏损后盈利 40W，税率为 25%，则所得税为 10W；第三、四年亏损，不缴税，第五年盈利，但不足以弥补第三、第四年亏损，故不缴税。此处要注意，第一年虽然亏损，但在第二年已经弥补，所以第五年不需要再次弥补第一年亏损。第六年盈利，需要与未缴税的第三、四、五年累计计算应税利润，即为(-20) + (-30) + 40 + 130 = 120W，所得税为 30W。

总之，从当年开始，与前面连续无所得税年份(最多 5 年)的税前利润累加，得到应税利润，若大于零，则有所得税。

系统中只取整数，对小数如何处理呢？下面以两个例子说明，如附表 3-63 和附表 3-64 所示。

附表 3-63　所得税计算 2

年度	第一年	第二年	第三年	第四年
税前利润	-160W	50W	111W	5W
所得税	0	0	0	2W
年度净利润	-160W	50W	111W	3W

由附表 3-63 可知，第三年累计税前利润为 1W，应税利润为 1W，所得税为 0.25W，四舍五入，当年不缴税。由于第三年没有缴税，所以当年的 1W 应税利润要累计到下一年，第四年税前利润为 5W，应税利润为 6W，四舍五入，所得税为 2W。

附表 3-64　所得税计算 3

年度	第一年	第二年	第三年	第四年
税前利润	-160W	50W	115W	5W
所得税	0	0	1W	1W
年度净利润	-160W	50W	111W	4W

由附表 3-64 可知，第三年累计税前利润为 5W，应税利润为 5W，所得税为 1.25W，四舍五入为 1W。由于第三年缴了税，所以当年的 1W 未交应税利润不累计到下一年；第四年税前利润为 5W，应税利润为 5W，所得税为 1W。

从以上两例可以看出，即使有小数，还是符合以下原则：从当年开始，与前面连续无所得税年份(最多 5 年)的税前利润累加，得到应税利润，若大于零，则有所得税。

附 2：全国总决赛沙盘模拟经营比赛运营流程表(见附表 3-65)

附表 3-65　全国总决赛沙盘模拟经营比赛运营流程表

操作顺序	手工操作流程	系统/手工操作
年初	新年度规划会议	
	广告投放	输入广告费，确认
	参加订货会选单/登记订单	选单
	参加竞单会/登记订单	竞单，扣除标书费
	支付应付税	系统自动
	支付长贷利息	系统自动
	更新长期贷款/归还长期贷款	系统自动
	申请长期贷款	输入贷款额并确认
1	季初盘点	
2	更新短期贷款/短期贷款还本付息	系统自动
3	申请短期贷款	输入贷款额并确认
4	原材料入库/更新原料订单	需要确认金额
5	下原料订单	输入并确认

(续表)

操作顺序	手工操作流程	系统/手工操作
6	购买/租用厂房	选择并确认，自动扣现金
7	更新生产/完工入库	系统自动
8	新建/在建/转产/租赁/变卖生产线	选择并确认
9	紧急采购原料(随时)	随时进行输入并确认
10	开始下一批生产	选择并确认
11	更新应收款/应收款收现	系统自动
12	紧急采购产成品(随时)	随时进行输入并确认
13	按订单交货	选择交货订单，确认
14	产品研发投资	选择并确认
15	厂房—出售(买转租)/退租/租转买	选择确认，自动转应收款
16	新市场开拓/ISO 资格投资	仅第四季允许操作
17	支付管理费/更新厂房租金	系统自动
18	出售库存	输入并确认(随时进行)
19	厂房贴现	随时
20	应收款贴现	输入并确认(随时进行)
21	季末盘点	
年末	缴纳违约订单罚款	系统自动
	支付设备维护费	系统自动
	计提折旧	系统自动
	新市场/ISO 资格认证	系统自动
	结账	在系统中填制报表，手工摆盘

2012 年大赛平台与规则点评

看似 2012 年大赛规则与 2011 年及以前的大赛规则变化很大，实则不然。本次大赛第一次以"商战"电子沙盘取代"创业者"电子沙盘为比赛平台，但本质并无变化；最明显的感觉是资金计量单位由 M(百万)变为 W(万)后，数字变大了；其余变化与 2011 年及以前的规则变化大同小异。其影响参见 2011 年大赛规则后的大赛规则变化简评。

2011年第七届全国大学生
"用友杯"沙盘模拟经营大赛
辽宁赛区决赛规则

F3.18 参赛队

每支参赛队由 5 名队员组成，分别是总经理、财务总监、营销总监、采购总监、生产总监。

注意：

➢ 带队老师不允许入场。
➢ 比赛期间，所有参赛队员不得使用手机与外界联系，计算机仅限于作为创业者运行平台，可以自制一些工具，但不得登录 Internet 与外界联系，否则取消参赛资格。
➢ 每个代表队只允许有一台计算机连接服务器。
➢ 比赛时间以本赛区所用服务器时间为准。
➢ 本届比赛的金额单位为 M。

F3.19 运行方式及监督

本次大赛采用创业者电子沙盘(以下简称"创业者")与实物沙盘相结合的方式运作企业，所有运作必须在"创业者"模拟平台上记录，手工沙盘只作为辅助运作工具。

考虑商业情报的获取，每年运行完成后，必须按照当年年末结束状态，将运作结果摆在手工沙盘上，以便现场各队收集情报用。

各队应具备至少一台具有 RJ45 网卡的笔记本电脑，作为创业者运行平台，并安装录屏软件。比赛过程中，学生端必须启动录屏文件，用于全程录制经营过程，建议每一年经营录制为一个独立的文件。一旦发生问题，以录屏结果为证，裁决争议。如果擅自停止录屏过程，则按系统的实际运行状态执行。关于创业者电子沙盘的操作说明可在 http://www.135e.com/Download/下载(前台使用说明)，录屏软件请自行在相关网站下载并提前学会使用，比赛期间组委会不负责提供。

大赛设裁判组，负责大赛中所有比赛过程的监督和争议裁决。

> 注意：

> ➤ 自带计算机的操作系统和 IE 浏览要保持干净、无病毒，操作系统为 Windows XP，IE 浏览器版本在 6.0(含)以上，同时需要安装 flash player 插件。请各队至少多备一台计算机，以防万一。

F3.20 企业运营流程

企业运营流程需按照《竞赛手册》的"经营记录表"中列示的流程严格执行。CEO 按照"经营记录表"中指示的顺序发布执行指令，每项任务完成后，CEO 需在任务后对应的方格中打钩。

每年经营结束后，各参赛队需提交综合费用明细表、利润表和资产负债表。

> 注意：

> ➤ 参赛队在 6 年经营中不允许申请还原操作(2010 年大赛，参赛队在 6 年经营中一共且只允许申请一次还原操作)。

F3.21 竞赛规则

1. 生产线(见附表 3-66)

附表 3-66 生产线

生产线	购置费	安装周期	生产周期	总转产费	转产周期	维修费	残值
手工线	5M	无	2Q	0	无	1M/年	1M
自动线	15M	3Q	1Q	2M	1Q	2M/年	3M
柔性线	20M	4Q	1Q	0	无	2M/年	4M

不论何时出售生产线，从生产线净值中取出相当于残值的部分计入现金，净值与残值之差计入损失；只有空的并且已经建成的生产线方可转产；当年建成的生产线、转产中的生产线都要交维修费；凡已出售的生产线和新购正在安装的生产线不缴纳维修费。

【规则对比】

2009 年规则

2009 年大赛有半自动生产线,2010 年则没有。2009 年半自动生产线的相关信息如附表 3-67 所示。

附表 3-67   2009 年半自动生产线的相关信息

生产线	购置费	安装周期	生产周期	总转产费	转产周期	维修费	残值
半自动线	10M	2Q	2Q	1M	1Q	1M/年	2M

2. 折旧(平均年限法)(见附表 3-68)

附表 3-68   折旧(平均年限法)

生产线	购置费	残值	建成第一年	建成第二年	建成第三年	建成第四年	建成第五年
手工线	5M	1M	0	1M	1M	1M	1M
自动线	15M	3M	0	3M	3M	3M	3M
柔性线	20M	4M	0	4M	4M	4M	4M

当年建成的生产线当年不提折旧;当净值等于残值时生产线不再计提折旧,但可以继续使用。

【规则对比】

2009 年规则

2009 年半自动生产线折旧表如附表 3-69 所示。

附表 3-69   2009 年半自动生产线折旧表

生产线	购置费	残值	建成第一年	建成第二年	建成第三年	建成第四年	建成第五年
半自动线	10M	2M	0	2M	2M	2M	2M

3. 融资(见附表 3-70)

附表 3-70   融资

贷款类型	贷款时间	贷款额度	年息	还款方式
长期贷款	每年年初	所有长贷和短贷之和不能超过上年权益的 3 倍	10%	年初付息,到期还本;每次贷款为 10 的倍数
短期贷款	每季度初		5%	到期一次还本付息;每次贷款为 20 的倍数
资金贴现	任何时间	视应收款额	10%(1、2 季) 12.5%(3、4 季)	变现时贴息,可对 1、2 季应收联合贴现(3、4 季同理)
库存拍卖	原材料八折,成品按成本价			

贷款规则

(1) 长期贷款每年必须归还利息，到期还本，本利双清后，如果还有额度，才允许重新申请贷款。即如果有贷款需要归还且同时还拥有贷款额度时，必须先归还到期的贷款，才能申请新贷款，不能以新贷还旧贷(续贷)，短期贷款也按本规定执行。

(2) 结束年时，不要求归还没有到期的各类贷款。

(3) 长期贷款最多可贷 5 年。

(4) 所有的贷款不允许提前还款。

(5) 企业间不允许私自融资，只允许企业向银行贷款，但银行不提供高利贷。

4. 厂房(见附表 3-71)

附表 3-71　厂房

厂房	买价	租金	售价	容量	
大厂房	40M	5M/年	40M	6 条	厂房出售得到 4 个账期的应收款，紧急情况下可厂房贴现(4 季贴现)，直接得到现金；若厂房中有生产线，则同时要扣租金
小厂房	30M	3M/年	30M	4 条	

每季均可租或买，租满一年的厂房在满年的季度(例如，第二季租的，则在以后各年第二季为满年，可进行处理)，需要用"厂房处置"进行"租转买""退租"(当厂房中没有任何生产线时)等处理，如果未加处理，则原来租用的厂房在满年季末自动续租；厂房不计提折旧；生产线不允许在不同厂房间移动。

厂房贴现注意事项如下。

(1) 如果无生产线，则现金额等于卖出价进行 4Q 账期应收款贴现。

(2) 如果有生产线，则卖出价进行 4Q 账期应收款贴现后，再扣除厂房租金。例如，出售有生产线的大厂房，40M 应收款转为现金 30M、贴现费用 5M、租金 5M；小厂房则为 30M 应收款，转为现金 23M、贴现费用 4M、租金 3M。

(3) 系统自动全部贴现，不允许部分贴现。

5. 市场准入(见附表 3-72)

附表 3-72　市场准入

市场	开发费用	时间	
本地	1M/年	1 年	开发费用按开发时间在年末平均支付，不允许加速投资。
区域	1M/年	1 年	
国内	1M/年	2 年	市场开发完成后，领取相应的市场准入证
亚洲	1M/年	3 年	
国际	1M/年	4 年	

市场开发无须交市场维护费，中途可停止使用，也可继续拥有资格并在以后年份使用。

6. 资格认证(见附表3-73)

附表3-73　资格认证

认证	ISO 9000	ISO 14000	
时间	2 年	3 年	平均支付，认证完成后可以领取相应
费用	1M/年	1M/年	的 ISO 资格证。可中断投资

ISO 认证无须交维护费，中途可停止使用，也可继续拥有资格并在以后年份使用。

【规则对比】

2009、2010 年规则

2009、2010 年大赛 ISO 14000 认证时间为 2 年，认证费用为 2M/年。余同。

7. 产品研发(见附表3-74)

附表3-74　产品研发

名称	研发费用	开发周期	加工费用	研发成本	产品组成
P1	1M/季	3 季	1M/个	3M/个	R1
P2	1M/季	5 季	1M/个	5M/个	R2+R3
P3	2M/季	4 季	1M/个	8M/个	P1+R3
P4	2M/季	5 季	1M/个	10M/个	P2+R4

产品研发可以中断或终止，但不允许超前或集中投入；已投资的研发费不能回收；如果开发没有完成，系统不允许开工生产。

生产 P3 必须用 P1 产品作为原料；生产 P4 必须用 P2 产品作为原料。

【规则对比】

2010 年产品研发规则如附表 3-75 所示。

附表3-75　2010 年产品研发规则

名称	开发费用	开发周期	加工费用	直接成本	产品组成
P1	1M/季	2 季	1M/个	2M/个	R1
P2	1M/季	3 季	1M/个	3M/个	R2+R3
P3	1M/季	4 季	1M/个	4M/个	R1+R3+R4
P4	1M/季	5 季	1M/个	5M/个	R2+R3+2R4

【规则对比】

2009 年产品研发规则如附表 3-76 所示。

附表 3-76　2009 年产品研发规则

名称	开发费用	开发周期	加工费用	直接成本	产品组成
P1	1M/季	2 季	1M/个	2M/个	R1
P2	1M/季	4 季	1M/个	3M/个	R2+R3
P3	1M/季	6 季	1M/个	4M/个	R1+R3+R4
P4	2M/季	6 季	2M/个	5M/个	P1+R4

注意:

➤ P4 产品组成的变化(P1 + R4),加工费为 2M/个,但直接成本不变。因为要用到自己生产的 P1 产品,所以在测算利润率时要考虑这种因素。

8. 原料(见附表 3-77)

附表 3-77　原料

名称	购买价格	提前期
R1	1M/个	1 季
R2	1M/个	1 季
R3	1M/个	2 季
R4	1M/个	2 季

规则说明

(1) 没有下订单的原材料不能采购入库。

(2) 所有下订单的原材料到期必须采购入库。

(3) 原材料采购入库时必须支付现金。

(4) "系统"中每季只能操作一次。

9. 紧急采购

紧急采购指付款即到货,原材料价格为直接成本的 2 倍,成品价格为直接成本的 3 倍。

紧急采购原材料和产品时,直接扣除现金。上报报表时,成本仍然按照标准成本记录,紧急采购多付出的成本计入费用表损失项。

10. 交货

交货必须按照以下原则进行。

(1) 严格按照订单要求的数量交货。

(2) 在订单规定的交货期之前交货,例如,订单规定交货期为第三季度,则可以在当年第三季度以前(含第三季度)交货。

(3) 当要交货时,需在"系统"中选择要交货的订单,然后单击"确认交货"按钮,如附图 3-29 所示。

订单ID	产品	数量	市场	总价	得单时间	交货期	账期	操作
1131631	P1	1	本地	6M	第3年第1季	1季	3季	确认交货
11362624	P1	6	本地	26M	第3年第1季	4季	2季	确认交货

附图 3-29　按订单交货

(4) 将出售产品所得应收款按订单上所写账期放入盘面应收款相应的账期中；如果账期为 0，则直接进入现金库。

(5) 不能按照以上规则交货的订单，视为违约订单。违约订单将直接被取消，违约订单的违约金，在当年第四季度结束时，按违约订单销售收入的 20%向下取整计算违约金，并从现金中自动扣除计入损失中。

11. 更新应收款

当运行到"更新应收账款"时，如有应收款到期，则需在"系统"中输入到期的应收款数。如果填入的到期数额大于实际应到数额，系统不予通过；如果填入的数额小于应收的数额，系统按照实际填写的数额收现(即现金增加)，剩余到期未收现的部分，自动计入下一季度应收款。如果没有到期的应收款，也要确认更新，否则系统将无法进入下一步骤。

> 提示：

> ➤ 本操作为一次性操作，即确认更新后，本季度不能再次操作，并且将关闭应收款更新之前的操作。

12. 广告费

投入广告费有两个作用，一是获得拿取订单的机会，二是判断选单顺序。

投入 1M 产品广告费，可以获得一次拿取订单的机会(如果不投产品广告没有选单机会)，一次机会允许取得一张订单；如果要获得更多的拿单机会，每增加一个机会需要多投入 2M 产品广告。例如，投入 3M 产品广告表示有 2 次获得订单的机会，投入 5M 产品广告则表示有 3 次获得订单的机会……以此类推。通常无须对 ISO 单独投放广告，系统自动判定公司是否有 ISO 资格，确认其能否选取有 ISO 要求的订单。

13. 选单流程

选单流程如下。

(1) 各公司将广告费按市场、产品填写在广告发布表中。

(2) 产品广告确定公司对订单的需求量。

(3) 排定选单顺序。选单顺序依据以下顺序原则确定。

① 按照各队在本市场某一产品上投放的广告费的多少，排定后续选单顺序。

② 如果在一个产品上投入的广告费用相同，则按照投入本市场的广告费总和(即 P1、P2、P3 和 P4 的广告费之和)排定选单顺序。

③ 如果本市场的广告总额也一样，则按照上年本企业在该市场上实现的销售额排名排定选单顺序。

④ 如果上年实现的销售额也相同，则按照提交广告的时间先后排定选单顺序。

(4) "系统"按上述规则自动排出选单顺序，并自动分轮次进行选单。排定选单顺序的公司在每轮选单时，只能选择一张订单；当第一轮选单完成后，如果还有剩余的订单，还有资格的公司可以按选单顺序进入下一轮选单。

提示：

> 系统中将某市场某产品的选单过程称为回合。每回合选单可能有若干轮，每轮选单中，各队按照排定的顺序选单，但只能选一张订单；当所有队都选完一次后，若再有订单，则开始进行第二轮选单，以此类推，直到所有订单被选完或所有队退出选单为止，本回合结束。

当轮到某一公司选单时，"系统"以倒计时的形式，给出本次选单的剩余时间，每次选单的时间上限为 40 秒钟，即在 40 秒内必须做出选择(选择订单或选择放弃)，否则系统自动视为放弃选择订单。

无论是主动放弃还是超时系统放弃，都将视为退出本市场本产品的选单，即在本回合中不得再选订单，如附图 3-30 所示。放弃一个产品的选单，不影响本市场其他产品的选单权力。第一年无订单。

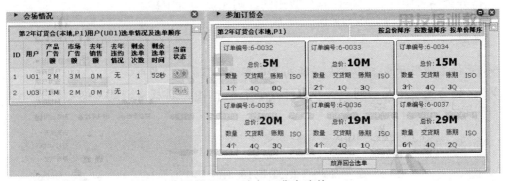

附图 3-30　参加订货会选单

注意：

> 必须在倒计时大于 10 秒时选单，出现确认框要在 3 秒内按下"确认"按钮，否则可能造成选单无效。
> 在某细分市场(如本地、P1)有多次选单机会，只要放弃一次，则视同放弃该细分市场所有选单机会。

【规则对比】

2009、2010 年规则

2009、2010 年大赛有市场老大，市场老大有优先选单权。2011 年大赛首次取消了市场老大。

14. 竞单会(系统一次放两张订单同时竞单，并显示所有订单)

在第四、第六年订货会后，召开竞单会(具体竞拍订单的信息将和市场预测图同时公布)。

参与竞标的订单标明了订单编号、市场、产品、数量、ISO 要求等，而总价、交货期、账期 3 项为空。竞标订单的相关要求说明如下。

1) 投标资质

(1) 参与投标的公司需要有相应的市场、ISO 认证的资质。

(2) 中标的公司需为该单支付 1M 标书费，计入广告费；没有中标的公司无须缴纳费用。

(3) 如果"已竞得单数 + 本次同时竞单数 > 现金余额"，则不能再竞，即必须有一定的现金库存作为保证金。例如，同时竞 2 张订单，库存现金为 3M，如果竞得了这 2 张订单，扣除了 2M 标书费后，还剩余 1M 库存现金，则不能继续参与其他竞单。

2) 投标

参与投标的公司需根据所投标的订单，在系统规定的时间(60 秒，以倒计时秒形式显示)填写总价、交货期、账期 3 项内容，确认后由系统按照如下方法计算。

$$得分 = 100 + (5 - 交货期) \times 4 + 应收账期 - 总价$$

以得分最高者中标。如果计算分数相同，则先提交者中标。

> 注意：

➢ 总价不能低于成本价，也不能高于成本价的 3 倍。

➢ 必须为竞单留足时间，若在倒计时小于等于 10 秒再提交，则可能无效。

竞拍界面如附图 3-31 所示。

▶ 参加竞拍会									
第3年竞拍会拍单列表 (用户U01)									
ID	订单编号	市场	产品	数量	ISO	状态	得单用户	总价	交货期	账期
1	3J01	本地	P1	2		设置竞价				
2	3J02	本地	P1	1		设置竞价				
3	3J03	本地	P2	3		等待				
4	3J04	区域	P2	1		等待				
5	3J05	区域	P3	2		等待				
6	3J06	国内	P2	3		等待				
7	3J07	国内	P3	2	9K	等待				

附图 3-31　竞拍界面

每次竞拍 2 张订单，各组要在 60 秒内为这 2 张订单同时报价，界面如附图 3-32 所示。

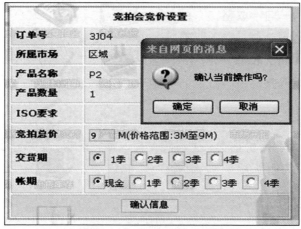

附图 3-32 竞拍会竞价设置

竞拍时需要填写的内容包含竞拍总价(在规定范围内)、交货期(1 季、2 季、3 季、4 季)、应收款账期(现金、1 季、2 季、3 季、4 季)，提交后系统会自动计算分数。如果两组得分相同，则先提交竞价的组获得该订单，如附图 3-33 所示。

参加竞拍会

					第4年竞拍会拍单列表 (用户U01)					
ID	订单编号	市场	产品	数量	ISO	状态	得单用户	总价	交货期	账期
1	4J01	本地	P1	2		完成	U05	8	4	0
					↑本用户订单出价			12	4	0
2	4J02	本地	P1	1		完成				
3	4J03	本地	P2	3		完成	U01	27	4	0
					↑本用户订单出价			27	4	0

附图 3-33 参加竞拍会

说明：

➢ 附图 3-30 中第一张竞拍订单(2 个 P1)，U01 组出价为总价 12M、交货期 4 季、账期为 0(即现金交易); U05 组出价为总价 8M、交货期 4 季、账期为 0(即现金交易)，所以 U05 中标。

➢ 第二张竞拍订单(1 个 P1)，没有组出价，所以流拍，这张订单将被视为所有组均放弃。

➢ 第三张竞拍订单(3 个 P2)，U01 组出价为总价 27M、交货期 4 季、账期为 0(即现金交易)，U01 中标。

每个组都只能看到自己的出价及最后中标组的报价，其余未中标组的价格看不到。

15. 订单违约

订单必须在规定季或提前交货，应收账期从交货季开始算起。

16. 取整规则

(1) 违约金扣除——向下取整。

(2) 库存拍卖所得现金——向下取整。

(3) 贴现费用——向上取整。

(4) 扣税——向下取整。

17. 特殊费用项目

特殊费用项目指库存折价拍卖、生产线变卖、紧急采购、订单违约、增减资(增资计损失,为负)操作,计入其他损失。

18. 重要参数(见附图3-34)

违约扣款百分比	20	%	最大长贷年限	5	年
库存折价率(产品)	100	%	库存折价率(原料)	80	%
长期贷款利率	10	%	短期贷款利率	5	
贷款额倍数	3	倍	初始现金(股东资本)	75	M
贴现率(1,2期)	10	%	贴现(3,4期)	12.5	%
管理费	1	M	信息费	3	M
紧急采购倍数(原料)	2	倍	紧急采购倍数(产品)	3	倍
所得税率	25	%	最大经营年限	6	年
选单时间	40	秒	选单补时时间	10	秒
间谍有效时间	600	秒	间谍使用间隔	3600	秒
竞拍时间	60	秒	竞拍同拍数	2	
市场老大	○有 ●无				

附图3-34　重要参数

> **注意:**

➢ 每个市场每种产品选单时,第一个队选单时间为50秒,自第二个队起,选单时间设为40秒。

➢ 初始资金为75M。

➢ 信息费为3M/次。

➢ 本次比赛无市场老大。

【规则对比】

2010年规则

2010年大赛,每市场每产品选单时第一个队选单时间为75秒,自第二个队起,选单时间设为50秒;初始资金为70M;信息费为5M/次;有市场老大。2009年的初始资金为90M。

19. 竞赛排名

完成预先规定的经营年限后，将根据各队的最后分数进行评分，分数高者为优胜。以系统自动评分为准，计算方式如下。

$$总成绩 = 所有者权益 \times (1 + 企业综合发展潜力 \div 100) - 罚分$$

企业综合发展潜力如附表 3-78 所示。

附表 3-78　企业综合发展潜力

项目	综合发展潜力系数
手工生产线	+5/条
自动线/柔性线	+10/条
区域市场开发	+10
国内市场开发	+10
亚洲市场开发	+10
国际市场开发	+10
ISO 9000	+10
ISO 14000	+10
P1 产品开发	+10
P2 产品开发	+10
P3 产品开发	+10
P4 产品开发	+10

注意：

➤ 如果有若干队分数相同，则最后一年在系统中先结束经营者排名靠前。

➤ 生产线建成即加分，无须生产出产品，也无须有在制品。市场老大和厂房无加分，以前有加分。

20. 罚分规则

1) 运行超时扣分

运行超时有两种情况：一是指不能在规定时间完成广告投放；二是指不能在规定时间完成当年经营(以单击系统中"当年结束"按钮并确认为准)。

处罚：按 1 分/分钟(不满一分钟算一分钟)计算罚分，最多不能超过 10 分钟。如果到 10 分钟后还不能完成相应的运行，将取消其参赛资格。

2) 报表错误扣分

各队必须按规定时间上报报表，且必须是账实相符；如果上交的报表与创业者自动生成的报表对照有误，则在总得分中扣罚 5 分/次，并以创业者提供的报表为准修订。

> 大赛中必须对上交报表时间做规定，延误交报表即视为错误一次。由运营超时引发延误交报表的，视同报表错误并扣分。

3) 盘面不实扣分

考虑商业情报的获取，每年运行完成后，必须按照当年年末结束状态，将运作结果摆在手工沙盘上，以便现场各队收集情报用。各队可以数币、翻牌查看，遇到提问必须如实回答。如果盘面与报表不符或隐瞒盘面状态，将扣 5 分/次。

4) 其他违规扣分

在运行过程中下列情况属违规。

(1) 对裁判正确的判罚不服从。

(2) 在比赛期间擅自到其他赛场走动。

(3) 指导教师擅自进入比赛现场。

(4) 其他严重影响比赛正常进行的活动。

如有以上行为者，视情节轻重，扣除该队总得分的 5～10 分。

5) 严重违规扣分

参赛队伍在比赛进行中严重违反赛会规定，违背公平竞赛原则，干扰比赛进行，将视情况扣罚 20 分，情节严重的直接取消比赛资格。

另外，全体人员(含指导老师)在比赛期间不得在场地及教学大楼内任何地点吸烟，一经发现一次扣 10 分。

注意：

> 裁判组有最终裁决权，在比赛期间(从比赛开始到颁奖结束)不接受指导教师提交的比赛相关申诉。
> 比赛时间以服务器时间为准。

21. 破产处理

当参赛队权益为负(指当年结束系统生成资产负债表时为负)或现金断流时(权益和现金可以为零)，企业破产。

参赛队破产后，由裁判视情况适当增资后继续经营。破产队不参加有效排名。

为了确保破产队不致过多而影响比赛的正常进行，限制破产队每年投放广告时每种产品广告费只能投 1M，且总数不能超过 6M；无论什么情况均最后一个选单，并且不能参加竞拍。

22. 系统自动扣除费用

"系统"自动支付的费用如下。

(1) 管理费用：每季度结束时，自动扣除 1M/季。

(2) 设备维修费：每年结束时，计算建成的生产线，超级手工线按照1M/条，全自动和柔性线按照 2M/条自动扣除。

(3) 长期贷款利息：每年投放完广告费，系统自动扣除。

(4) 短贷利息：每季度开始时，系统自动判断是否有到期的贷款，如果有则自动从现金中按 5%扣减利息。

(5) 税金：只计算所得税，缴税的标准为弥补完以前年度的亏损总和后，再按盈余利润 1/4 向下取整提取税金。

(6) 违约罚金：在每年结束时，按违约订单销售收入的 20%向下取整，从现金中自动扣除。

(7) 其他要求：应收账款额、贷款额的标识需用纸条表示。

> 注意：

➢ 比赛时请携带自行打印的规则，出现争议则以组委会规则为准。

第七届全国大学生"用友杯"沙盘模拟经营大赛辽宁赛区组委会对以上规则享有最终解释权。

第七届全国大学生"用友杯"沙盘模拟经营大赛辽宁赛区组委会

用友新道科技有限公司辽宁办事处

2011 年 6 月

大赛规则变化简评：

从上面规则对比可以看出，大赛规则的主要变化在于产品研发，以及 ISO 资格认证、初始资金、市场老大等，因此，要关注这些变化对企业经营战略、策略的影响。当经营团队掌握了这些变化对企业经营的内在影响后，也就不怕这些规则的变化了。